COMO DERROTAR O TURBOTECNOMACHONAZIFASCISMO

COMO DERROTAR O TURBOTECNOMACHONAZIFASCISMO

MARCIA TIBURI

1ª edição

EDITORA RECORD
RIO DE JANEIRO • SÃO PAULO
2020

CIP-BRASIL. CATALOGAÇÃO NA PUBLICAÇÃO
SINDICATO NACIONAL DOS EDITORES DE LIVROS, RJ

T431c Tiburi, Marcia, 1970-
Como derrotar o turbotecnomachonazifascismo ou seja lá o nome que se queira dar ao mal que devemos superar / Marcia Tiburi. – 1ª ed. – Rio de Janeiro: Record, 2020.

ISBN 978-65-5587-066-4

1. Antropologia filosófica. 2. Fascismo – Brasil. 3. Autoritarismo. 4. Pensamento crítico. I. Título.

20-66492
CDD: 128
CDU: 141.319.8

Camila Donis Hartmann – Bibliotecária – CRB-7/6472

Copyright © Marcia Tiburi, 2020

Todos os direitos reservados. É proibido reproduzir, armazenar ou transmitir partes deste livro, através de quaisquer meios, sem prévia autorização por escrito.

Texto revisado segundo o novo Acordo Ortográfico da Língua Portuguesa.

Direitos desta edição adquiridos pela
EDITORA RECORD LTDA.
Rua Argentina, 171 – Rio de Janeiro, RJ – 20921-380 – Tel.: (21) 2585-2000.

Impresso no Brasil

ISBN 978-65-5587-066-4

Seja um leitor preferencial Record.

Cadastre-se no site www.record.com.br e receba informações sobre nossos lançamentos e nossas promoções.

Atendimento e venda direta ao leitor:
sac@record.com.br

"Enquanto os 'escultores de montanhas' teimarem em obrigar os homens todos a pensar segundo o seu pensamento, a crer no que eles creem, inutilizando, massacrando os sonhos ou o pensamento dos outros – para assegurar o predomínio das suas verdades – prendendo, exilando, fuzilando ou mutilando os corpos e as consciências dos que pensam de maneira diversa: – as guerras e as revoluções sociais, uma após outra, hão de ensanguentar a terra, inutilmente, perversamente, degenerando, enlouquecendo a todo o gênero humano. Isso será até o suicídio coletivo da humanidade, através da técnica moderna da ciência – a serviço do canibalismo das verdades organizadas."

Maria Lacerda de Moura.
In "Fascismo, filho dileto da Igreja e do capital", 1934.

Sumário

Prefácio: Como conversar com um fascista – *um título como questão*   11

1. O ódio, o medo e a desinformação   19

2. A episteme cínica   22

3. Código fascista, ideologia e conquista da comunidade espectral   24

4. A ameaça administrada   27

5. Êxtase   30

6. Do que falamos quando usamos a expressão "fascismo" e "neonazismo"?   33

7. Neonazismo, turbomachofascismo e tecnonazifascismo   36

8. Performatividade nazifascista   43

9. Fascismo como jogo de linguagem   50

10. Fascismo como tecnologia política: o inacreditável exemplo brasileiro dentre tantos outros   53

11. Fascismo tropical: sobre Bolsonaro e Trump, Brasil e Estados Unidos   59

12. Machismo e neonazifascismo: performance da brutalidade
e do grotesco na política brasileira contemporânea 63

13. Psicopoder e performatividade: machismo
como tecnologia política 66

14. Histeria machista 68

15. A misoginia e a guinada autoritária 70

16. O feminismo em ascensão 72

17. Imitação e ressentimento 74

18. O muro de Trump como ritual xenófobo na era do espetáculo 77

19. O ridículo como o núcleo da propaganda fascista 82

20. Aspectos estético-políticos envolvidos na passagem da
democracia ao fascismo 90

21. O deslizamento da tragédia à farsa 99

22. O riso como catarse no contexto da indústria cultural 104

23. Sociedade politicamente excitada 109

24. Fascismo em potencial 114

25. Regime de pensamento autoritário 120

26. Consumismo da linguagem 127

27. Paranoia e êxtase 132

28. Carência cognitiva 136

29. Nós e o vazio: sobre o pensamento, a emoção e a ação 141

30. Indústria cultural da antipolítica – o caráter manipulador 145

31. A semiformação cultural 149

32. O reducionismo capitalista 151

33. A retórica turbotecnomachofascista: palavras mágicas, clichês, distorção — 153

34. A banalidade da morte — 159

35. O paradigma eurocêntrico — 165

36. O trabalho do diálogo — 167

37. Ética e subjetividade: uma questão dialógica — 173

38. Um experimento teórico-prático — 176

39. Escuta: uma possível resposta ao problema do operador "como" a título de conclusão — 179

Referências bibliográficas — 185

Prefácio:
Como conversar com um fascista – um título como questão

Quando *Como conversar com um fascista* foi publicado em 2015, muitas pessoas disseram que eu estava exagerando ao usar o termo "fascista" no título do livro. Uns diziam que eu estava errada, porque só se podia falar de fascismo no sentido do movimento criado por Mussolini, momento em que perdiam de vista o trabalho do conceito, próprio às investigações filosóficas. Um conceito é um significante, uma palavra, um traço, que transita carregado de sentidos e que pode ser redefinido ou usado de empréstimo. De qualquer modo, um conceito sempre pode ser renovado para fins de análise de fenômenos em tempos diversos. Caindo em armadilhas fundamentalistas, é fato que muitos não aceitavam que o termo fosse usado de modo ampliado, aliás como fazem vários teóricos desde o tempo de Mussolini e Hitler.

Na editora o título também causou controvérsias, mas seguimos em frente. A primeira edição esgotou em poucos dias. As pessoas demoravam a entender que leitores pudessem se interessar por um assunto estranho como parecia ser o fascismo no Brasil daquele momento. O livro acabou sendo um sucesso de público. Ele foi comprado, emprestado, presenteado, lido, citado, falado e mal falado, vendido em livrarias e sebos, roubado e – o que é um sinal de sucesso literário – também muito pirateado. Os lançamentos eram sempre cheios de gente, e o primeiro deles, com a presença de Jean Wyllys, que assinava seu prefácio, foi uma festa com direito à telão do lado de fora do auditório da livraria no Rio de Janeiro. Passados alguns anos, meu livro se tornou, para alguns, premonitório. Em 2020, todos falam em fascismo e ninguém se surpreende mais.

Eu soube de gente que ia às livrarias para esconder meu livro. O que é um fenômeno curioso, em se tratando de um livro sobre o ódio – e contra o ódio – que sofreu vários ataques justamente de ódio desde que foi publicado. Eram pessoas movidas pelo ódio ao título. Do guru político ao colega ressentido, os odiadores do meu livro eram homens que jamais o leram além da capa. Talvez sua ironia, talvez o tom de manifesto antifascista, algo sem dúvida incomodava.

A mistura de misoginia e anti-intelectualismo se tornou uma bomba-relógio acionada pelas milícias midiáticas e a imprensa de extrema direita. Ela explodiu em 2018, quando eu, perseguida e ameaçada, fui obrigada a sair do Brasil, depois de ter passado um ano lidando com invasões de grupos fascistas em eventos literários dos quais eu participava havia vinte anos. Conto tais fatos aqui, porque faz parte da recepção do livro que prenunciava o que estava por vir.

É um fato que sempre foi necessário explicar aquele título, ele mesmo uma questão em aberto. Hoje, devo dizer que "como conversar com um fascista" é uma questão que devemos continuar a nos propor seriamente. Como sempre digo, se não é possível conversar com um fascista (de fato, com um fascista em potencial será possível conversar em algum sentido, dependendo do grau de sua síndrome autoritária), pelo menos podemos, por meio da postura dialógica, que significa "abertura ao outro", não nos transformarmos em um. Um fascista em potencial, em estado de "prontidão", não é ainda um fascista real agitando e mistificando as massas para a destruição da democracia. Sua ascensão poderia, e ainda pode, ser evitada. Evidentemente, seria muito mais eficiente construir uma sociedade democrática com instituições fortalecidas – uma sociedade na qual não surgisse o fascismo – do que derrotar o fascismo depois que ele chegou ao poder. Refiro-me à luta pela democracia em condições ainda democráticas para evitar a chegada do fascismo.

Porém, infelizmente, o fascismo potencial não foi freado a tempo, e no Brasil ele assumiu a forma de uma indústria e de um mercado. No momento em que escrevo este livro, já podemos falar de um fascismo de Estado, mesmo que muitos venham a chamá-lo de bolsonarismo, lavajatismo ou de qualquer outro nome. Portanto, a proposição deve ser atualizada: "como derrotar o nazifascismo" se torna agora o nosso desafio histórico concreto. Se aquela era uma frase marcadamente irônica e provocativa, agora é preciso dar um passo adiante, pois, em tempos fascistas, a ironia que exige inteligência sucumbe ao cinismo imbecilizante dos fascistas que avançam no poder com toda a violência de que são capazes as personalidades autoritárias seguidas por massas criadas diante da ostentação da violência de líderes, agitadores e voluntários imbecilizados. Assim, nesta fase da história do Brasil é preciso encontrar caminhos bem diretos e bem didáticos, evidentemente, sem perder a ternura, para derrotar o fascismo.

Como conversar com uma fascista já era método, e já era urgente, e nos obrigava a pensar na presença de figuras autoritárias em nossa vida cotidiana e familiar. Nossos próprios entes queridos e amados muitas vezes se tornaram exemplares da personalidade autoritária fascista. Hoje, derrubar de uma vez o fascismo – ou o turbotecnomachonazifascismo – é uma exigência que retorna, para que ele não prevaleça e não impeça a democracia que ainda desejamos construir. Isso implica derrotar os ventríloquos e os fantoches, as corporações que financiam e as metodologias e tecnologias políticas envolvidas; em termos simples: é preciso desmontar a máquina fascista que opera esvaziando mentes e colonizando sensibilidades.

No passado, a questão posta acerca de "como conversar com um fascista" não devia ser interpretada como a busca pelo consenso com um fascista, sob o sério risco de que aquele que concordasse e/ou consentisse com os argumentos também se tornasse um fascista. Colocar em questão o criptofascista, o fascista em potencial que pudesse estar escondido atrás da cordialidade de cada um era um problema que dependia mais do leitor do que da autora do livro. Já a questão atual de "como derrotar o turbotecnomachonazifascismo" é colocada no sentido de provocar nossa reflexão e nossa atitude em relação às práticas que, no autoritarismo crescente em nossa sociedade, podem nos ajudar a sair do circuito no qual ele nos envolve, levando ao extremismo de direita que se ostenta atualmente. Se em *Como conversar com um fascista* havia a questão pessoal e subjetiva, neste *Como derrotar o turbotecnomachonazifascismo* a questão concerne ao coletivo. No cenário anti-intelectual e mistificatório do fascismo ou do nazifascismo, toda ação contra tais autoritarismos requer compreensão profunda tanto para não sucumbir a ele quanto para evitar seu avanço.

Denominei "fascismo" ao conjunto dos discursos e práticas relacionados ao ódio, à comunicação violenta e às ações que promovem a matança, em escala massiva, de pessoas tratadas como inimigas daqueles que comandam a opinião da sociedade. Fascismo é um nome adequado para falar dos extremismos de direita que retornam dos subterrâneos da história em nossos dias. Fascismo era um termo que resumia e ainda pode ser usado para resumir a tendência dominante autoritária articulada como tecnologia política de encantamento das massas. Quando falo em tecnologia política falo em "dispositivo", em "aparelho" e "programa", no sentido de Foucault, Flusser e Adorno, sobre os quais falaremos mais adiante. Tanto no livro anterior como agora, o termo "fascismo" define o conteúdo e a forma da ação que visa à aniquilação de toda diferença, a aniquilação do outro e de tudo aquilo que, na condição da "não idêntico",[1] ameaça o sistema, que espera tornar igual e homogêneo o todo da existência. É verdade que o fascismo é uma forma ideológica, ou seja, uma construção sociopolítica na qual a mentira é manipulada como se fosse verdade, mas é também "tecnologia" ou "metodologia" política, um conjunto de meios pelos quais se implanta a mentira justamente para que ela possa assumir o lugar da verdade. Mas não se trata de uma mentira pura e simples que poderia ser percebida por todos, ou que, desmascarada, nos levaria à verdade. Trata-se de uma modificação do sentido da mentira, ela mesma uma forma do discurso e, por consequência, do sentido da verdade. Quando falo em "verdade", refiro-me a um valor sequestrado por toda ideologia para usar a seu bem-prazer, mas que no fascismo é simplesmente destruído. O fascismo precisa destruir a verdade. A tecnologia política, o conjunto de discursos e práticas, sujeitos e instituições, é usada para essa destruição. A ideologia se instaura não mais como cortina de fumaça, mas como uma verdade naturalizada, como se não existisse mais oposição entre verdade e mentira. A sensação de que não

---

[1] Theodor Adorno, *Dialética negativa*, Rio de Janeiro, Zahar, 2009.

há nenhuma outra alternativa, como se não fosse mais possível pensar em outro mundo possível, resulta dessa indistinção. Esse é o império do cinismo no qual a mentira transformou-se em verdade e é promovida por pessoas e instituições, porque esse procedimento e esse resultado lhes favorece.

O cinismo é essa destruição da verdade que muitos vêm chamando de pós-verdade. O leitor, neste momento, deve lembrar de várias cenas envolvendo políticos e seus dizeres que nos soam como absurdos, mas que são apresentados como naturais, ou seja, como verdadeiros. Discursos de Bolsonaro e Trump têm como base o cinismo, que, para os desavisados, pode soar apenas como algo surpreendente ou, até mesmo, espontâneo e sincero. A verdade é o que já não importa. Esse jogo define um circuito, um verdadeiro círculo em que o cínico faz o papel de sujeito manipulador, e o cidadão comum faz o papel de objeto, nesse caso, como receptor de uma mensagem que o rebaixa a otário ao enganá-lo de um modo tão visível. O cinismo se torna método, e é em sua base que a propaganda fascista invade as subjetividades. Em nossa época, a propaganda se estabelece, como já acontecia na época de Hitler, como fake news e desinformação, mas em uma escala que faria inveja à megalomania do ditador alemão, devido aos incrementos tecnológicos digitais que eram inexistentes no fascismo do passado – que alguns denominam fascismo clássico e que hoje se tornam parte do arsenal de armas do fascismo. Falaremos sobre isso também ao longo deste livro.

Aqui vamos analisar o turbotecnomachonazifascismo como uma tecnologia ou metodologia do psicopoder, ou seja, como uma operação de cálculo que o poder faz sobre o que as pessoas pensam, sentem e fazem. Em *Como conversar com um fascista* eu falava de um cálculo sobre a linguagem. A ideia de tratar esse cálculo como psicopoder surgiu apenas quando eu escrevi *Delírio do poder*,[2] no qual tentei discutir a questão dos elementos demenciais no plano da fascistização da vida, mas a questão de uma economia política da linguagem e dos afetos já estava dada nos livros anteriores e aqui vamos retomá-la. Agora vamos utilizar o termo "turbotecnomachonazifascismo" para designar de maneira resumida – em que pese a monstruosidade da

---

2 Marcia Tiburi, *Delírio do poder: psicopoder e loucura coletiva na era da desinformação*, Rio de Janeiro, Record, 2019.

expressão – a forma assumida pelo fascismo no Brasil hoje. Daqui a pouco analisaremos melhor os termos possíveis a serem aplicados ao fenômeno, mas antes ainda precisamos acertar algumas contas com o livro anterior que dá origem a este novo livro.

Ao escrever a primeira edição de *Como conversar com um fascista*, bem antes da vitória de Bolsonaro e de Trump, meu interesse era entender como o fascismo se situava no plano subjetivo da personalidade de cidadãos e como era uma tecnologia, ou inclusive, uma metodologia, capaz de alterar a cultura política de uma nação. Naquele primeiro momento eu não estava interessada em refletir sobre a história do fascismo na Europa, mas de usar o termo aplicando-o a um fenômeno próximo. Eis o trabalho filosófico e criativo que é o trabalho do conceito. Meu interesse era lançar uma discussão em nível popular, e não apenas acadêmico, em que assuntos muito interessantes muitas vezes perdem seu potencial social. A função da fascistização das democracias – a de servir ao capitalismo e hoje ao ultraneoliberalismo em sua fase extremista – precisa ser reconhecida, mas meu interesse era principalmente entender como e por quais meios o programa fascista era implantado na personalidade das pessoas, já que não se tratava antes, como não se trata hoje, de uma forma que surge naturalmente no coração das pessoas. Quero dizer que, sem essa compreensão da subjetividade, não teremos como "derrotar" o fascismo ou o turbotecnomachonazifascismo como podemos também chamá-lo agora, justamente porque o fascismo implica uma colonização mental, afetiva e corporal — ou seja, ele é uma tecnologia ou metodologia política que incide sobre o que somos como pessoas, sujeitos, indivíduos, como corpos que vivem sujeitos a manipulações psicopolíticas e psicossociais.

Como muita gente, eu também queria entender como e por que pessoas que não ganham nada com o fascismo – ao contrário, tornam-se cada vez mais infelizes e fadadas ao fracasso e ao extermínio justamente por conta dele –, de modo paradoxal, aderem a ele. O problema continua sendo o mesmo hoje. E derrotar o fascismo implica resgatar a subjetividade por ele sequestrada e aniquilada. A pesquisa de Adorno sobre a personalidade autoritária, realizada com cidadãos estadunidenses e publicada em 1950,[3]

---

3 Theodor Adorno, Else Frenkel-Brunswik, Daniel Levinson, Nevitt Sanford, *The Authoritarian Personality* [A personalidade autoritária], Londres/Nova York, Verso, 2019.

oferecia parâmetros de comparação com o Brasil. Parecia haver uma repetição dos mesmos padrões autoritários daquele contexto. Contudo, ainda havia muita coisa a se pensar. Eu vivia no Brasil e, vendo o que acontecia com a nossa democracia, espantava-me o fato de que a história da Europa antes da Segunda Guerra parecesse estar se repetindo no meu próprio país. Essa repetição não é uma metáfora, apenas. De fato, a história dos afetos se repete, e os afetos recalcados e ressentidos se apresentam na esfera política, uma esfera carregada de sintomas, como tive a oportunidade de trabalhar em outro livro.[4] Como muita gente, eu acreditava que era possível fazer avançar as condições democráticas duramente construídas desde o fim da ditadura militar na década de 1980. Eu continuo acreditando que é preciso resistir e que é pela resistência que poderemos fazer renascer a democracia. Trata-se, tanto antes como agora, de uma reflexão acerca da necessidade de quem se mantém existindo e segue em frente como uma personalidade democrática, apesar do avanço da fala autoritária.

Como manter a sanidade mental diante do fascismo familiar, diante do fascismo doméstico do cidadão comum e dos discursos e práticas dos que são seus representantes no poder? Eu falava antes do drama em que cidadãos e cidadãs com mentalidade democrática se encontram quando têm um familiar ou amigo que se encaixa nos patamares da escala F (ou escala fascista), sobre a qual fala Theodor Adorno,[5] tão importante como fonte de inspiração para as reflexões que apresento aqui. A questão se renova: como sobreviver ao fascismo que se naturaliza a cada dia no mundo da vida, justamente quando sabemos que *não há como sobreviver ao fascismo* sem se tornar fascista ou se tornar antifascista no momento em que o fascismo toma conta de um país, aniquilando todos os parâmetros que justificam lutas políticas por justiça, por reconhecimento e pela própria sobrevivência material? Como derrotar o fascismo quando ele é turbinado em termos tecnológicos e econômicos?

---

4 Marcia Tiburi, *Complexo de vira-lata*, Rio de Janeiro, Civilização Brasileira, 2021.
5 A escala F ou escala fascista analisa o fascismo em potencial. É composta de nove elementos: 1) convencionalismo; 2) submissão autoritária; 3) agressão autoritária; 4) anti-intracepção; 5) superstição e estereotipia; 6) o poder e a "dureza"; 7) destrutividade e cinismo; 8) projetividade; e 9) preocupações exageradas sobre sexo. Esses elementos vão aparecer durante as análises deste livro. Ver Theodor Adorno, op. cit.

Em outras palavras, como derrotar o fascismo, agora transformado em nazifascismo, quando ele se torna "turbotecnomachonazifascismo"? Essas são questões que este livro busca responder.

Como conversar com um fascista não era, e quem o leu sabe, um guia prático para conversar com fascistas em potencial. No máximo, ele poderia servir de inspiração e de apoio psicopolítico. Eu não apresentava nele um roteiro para bater papo ou ficar de conversa fiada com personalidades autoritárias. Dependendo do grau de autoritarismo dos envolvidos, uma simples conversa pode ser absolutamente inviável, e um contato mais aprofundado em termos de trocas de ideias pode ser absolutamente impensável. Do mesmo modo, *Como derrotar o turbotecnomachonazifascismo* que proponho agora é uma reflexão no campo da antropologia filosófica, da filosofia social e da linguagem, não um manual. Espero que o livro nos ajude a olhar de perto e a nos embeber na prática da substância do pensamento crítico que é o inimigo maior do fascismo.

Já atingimos a catástrofe social e política a que o fascismo visa. Apesar disso, continua sendo de diálogo que se trata sempre e mais uma vez; da produção de uma sociedade não autoritária, em que o diálogo se torna um real encontro com o outro, e não uma mera conversa para animar plateias sedentas de entretenimento para o qual foram treinadas por décadas de estimulação pela indústria cultural. O diálogo é fundador de subjetividades democráticas, e não podemos desistir dele. Mas devemos saber que ele tem outro tempo, que ele pode demorar e se tornar irritante para corpos habituados à imediatidade, para mentes que só se entendem com o entretenimento. O diálogo é a arma mais potente no processo de reconstrução de uma sociedade não autoritária, e ele requer esforço teórico e prático, mas sobretudo, atenção ao outro.

Se o fascismo cresce na precarização da subjetividade até a destruição total do mundo humano, devemos enfrentá-lo e lutar contra ele. O diálogo é o princípio antifascista por excelência e deve estar na base da sociedade que enfrenta e derrota o fascismo e se reconstrói democraticamente apesar da terra arrasada na qual ele nos deixa.

Paris, 7 de setembro de 2020.

1. O ódio, o medo e a desinformação

O discurso de ódio que tomou conta do Brasil não é natural, como alguns podem acreditar. Ele faz parte do código de guerra cultural da extrema direita, que é acionado nos momentos em que grupos econômicos dominantes se sentem ameaçados. A extrema direita aparece como um exército, cujas táticas escondem o desespero do sistema quanto ao seu próprio fim. O fascismo surge nos momentos em que o capitalismo como ideologia ou doutrina econômico-religiosa que ele é se percebe ameaçado.

O fascismo é o código que visa a promover violência ao desencadear ações linguísticas e práticas em si mesmas violentas. Preconceito e intolerância de todos os tipos, bem como a declaração de morte ao outro fazem parte de uma violência projetiva, que é administrada semiologicamente, ou seja, em nível imaginário e simbólico, para fins do poder. A violência codificada – misoginia, racismo, homofobia etc. – desencadeia mais violência com o objetivo de sua generalização. A tática é acender a faísca fascista contra transformações sociais, contra o avanço das democracias com suas exigências de cidadania e direitos para todos, o que seria insuportável para o capitalismo. O autoritarismo vem à tona e o fascismo surge no ponto onde a própria irracionalidade é convocada como arma.

Para que essas ações sejam desencadeadas, donos do poder econômico investem em empresas de comunicação especializadas em publicidade com o padrão do ódio transformado ele mesmo em "ópio do povo", mesmo quando se apresentam como simples meios de comunicação a produzir puro jornalismo. É preciso produzir ódio, o combustível do fascismo que deve ser usado contra os insurgentes democráticos, contra os que ousam desejar outro mundo possível, contra os pobres, pretos, mulheres e indesejáveis de um modo geral. O fascismo é o lado terrorista do capitalismo, ele incita o ódio para exorcizar o medo. O medo está por trás de tudo, mas o fascismo não é uma passividade política que se contenta em deixar que os indivíduos sintam medo. É preciso transformar o medo em ódio e o ódio em força de ataque contra inimigos. Vamos falar sobre isso, mas antes precisamos entender melhor como se produz o solo fértil no qual se produzirá o ódio.

Na era do espetáculo nada escapa ao poder da imagem como capital, e a desinformação se torna um produto e uma mercadoria rentável. A desinformação, que é uma espécie de lixo cultural e discursivo que serve apenas para causar desnorteio e confusão conceitual, moral e mental em indivíduos vulneráveis intelectualmente, já nasce como mercadoria rentável, mas é apresentada como informação essencial e verdadeira em um mundo entorpecido. A desinformação produz a falta de lastro, a falta de parâmetro, a sensação de abismo que muitas pessoas sentem vivendo na chamada "sociedade da informação".

A desinformação é o solo fértil para o nascimento e crescimento do medo, sensação de estar à deriva, sem segurança alguma, inclusive e, sobretudo, sem segurança mental e moral. O ódio surge como um afeto redentor que dá a sensação de que o medo foi eliminado, de que se está sentindo a única coisa que se pode sentir. Nesse cenário, quem não pode pensar livremente, quem perdeu completamente o parâmetro do pensamento reflexivo, entrega-se ao ódio mais facilmente. O ódio é vivido como uma disciplina afetiva rígida, que dá ao indivíduo toda a compensação emocional de que ele precisa para existir. Uma ideologia que se baseie na manipulação desse princípio será um páreo muito duro de vencer.

A pergunta pela origem do ódio não pode ser respondida senão pelo recurso ao círculo vicioso que explica o surgimento de qualquer afeto: é o sentimento experimentado que gera o que é sentido. Isso quer dizer que a tendência a ver um afeto como particular e natural perde de vista o caráter social de sua constituição. Os afetos são aprendidos, são compartilhados entre pessoas por meio de discursos, imagens, narrativas. Os afetos fazem parte de processos de cognição e formação subjetiva. Aquele que experimentou amor responde com amor; aquele que experimentou ódio responde com ódio. "Amar se aprende amando." Odiar se aprende odiando.

Se pensarmos nos discursos de incitação à violência – uma das formas expressivas do ódio –, veremos que ela é transmitida de cima para baixo, como em uma engrenagem acionada de fora. Líderes políticos, publicitários, jornalistas, religiosos e todos os que detêm os meios de produção do discurso podem ligar essa máquina incitando ao ódio. Mas o elemento "vertical" que liga a máquina movida pelo ódio não é suficiente para sustentá-lo. Para que o ódio persista, sua experiência precisa afirmar-se "horizontalmente", ou seja, precisa ser partilhada com os pares, com os outros que contribuem para a manutenção da máquina que, pelo fomento do ódio ao outro, transforma a todos em fascistas. O fascismo é a máquina movida pelo ódio que produz mais e mais fascistas.

É o contexto da desinformação que cria condições para o avanço do ódio, ele mesmo uma chave para formas mais radicais de irracionalidade. Desinformação não é apenas "fake news", no sentido da notícia falsa concreta, mas a mistificação e a distorção generalizadas com o objetivo de turvar a visão crítica da realidade, de causar desnorteio e confusão exegética e hermenêutica. O sujeito deve interpretar o mundo na base do código que já lhe foi previamente oferecido e que lhe exige gestos mentais repetitivos, sempre carregados de ódio, ou seja, da violência que é potência da aniquilação do outro.

2. A episteme cínica

O fundamentalismo religioso, integrado a um verdadeiro fundamentalismo econômico, político e midiático, tem a qualidade da desinformação. A desinformação cria um cenário mentalmente confuso para dominar mentes e corpos por meio do controle e da manipulação quanto ao que possa ser a verdade. Foucault notou bem a relação entre poder e verdade quando escreveu *As palavras e as coisas*[1] descrevendo "epistemes" como visões gerais de mundo, como patamares a partir dos quais seres humanos pensam e organizam teorias e práticas. Podemos, nesse sentido, dizer que a desinformação se tornou uma episteme, ou seja, um parâmetro a partir do qual se pensa.

A tendência humana é de tomar como verdade o que é colocado diante de si pelo simples fato de ter sido colocado. Nietzsche, no século XIX, já havia percebido isso.[2] Há uma força de lei em tudo o que se apresenta a nós pelos meios de comunicação, seja a televisão,[3] seja a internet, e todos os meios de produção da linguagem, como é a própria religião. A desinformação é uma operação que afeta o regime de pensamento que podemos chamar de democrático, altera nesse sentido uma episteme, uma "política da verdade" que já não vale a pena e se transforma não em "política da mentira", mas em algo ainda mais complexo.

Em termos simples, é o regime da verdade que é alterado no fascismo por meio da desinformação. O ódio surge como um sintoma do estilhaçamento

---
1 Michel Foucault, *As palavras e as coisas*, São Paulo, Martins Fontes, 2016.
2 Friedrich Nietzsche, *Sobre verdade e mentira*, São Paulo, Hedra, 2007. Idem, *Além do bem e do mal*, São Paulo, Companhia das Letras, 2005.
3 Marcia Tiburi. *Olho de vidro. A televisão e o Estado de exceção da imagem*, Rio de Janeiro, Record, 2011.

da episteme, daí o ódio à ciência, aos intelectuais, aos artistas e a todos aqueles que possam ainda sustentar com seu corpo uma ideia de verdade não manipulada, ou livre de interesses. A desinformação produz o espaço para o ódio contra tudo e contra todos, e também contra o conhecimento, a filosofia, a lógica, e dá lugar ao que podemos chamar de episteme cínica.

O cinismo é o ápice da confusão mental visado no processo de desinformação. O próprio cinismo se constitui como episteme que produz uma postura teórica e prática de imobilização das vítimas. Nele, estão unidos dois tipos de discursos: o discurso do indivíduo robotizado que ocupa espaço de decisão e de poder e o discurso do indivíduo robotizado submetido ao poder e que acaba por ser agente do poder que o manipula. Os primeiros manipulam os segundos, que se sentem contemplados por terem alcançado um lugar para existir no sistema de poder. O que eu chamo de robotização tem relação com o parâmetro tecnológico que é assumido pelo corpo na performance cínica contra a qual não se pode fazer nada, pois o cinismo é uma discursividade paralisante que liga ventríloquos e seus bonecos em um imenso jogo de linguagem ao qual podemos dar o nome de "ventriloquacidade". Uns falam, outros repetem. Em *Ridículo político*[4] mostrei como o fascismo é implantado em uma cultura por meio de uma operação de deslizamento: o que é risível, o que é engraçado em um primeiro momento (vide a postura de Bolsonaro e assemelhados nos últimos anos em que os processos de capitalização política assumiram o ridículo como tecnologia) transforma-se em cinismo em um segundo momento. O que parecia mera bufonaria se transforma em discurso grotesco, como veremos mais adiante.

O cinismo é elevado à forma de governo no fascismo e vem constituir uma teatralidade e uma performatividade. Às massas resta ser uma espécie de população passiva, como robôs sem poder, na qual cada um é agente da irracionalidade funcional que permite o lucro dos senhores também robotizados no mercado fascista e que, mesmo sendo também robotizados, pelo menos têm seus lucros e padrão de vida assegurados.

---

4 Idem, *Ridículo político: uma investigação sobre o risível, a manipulação da imagem e o esteticamente correto*, Rio de Janeiro, Record, 2017.

3. Código fascista, ideologia e conquista da comunidade espectral

A noção de episteme nos remete à ideologia. Toda ideologia é um sistema semiótico, no qual símbolos, signos, palavras, configurando regras e valores, são ofertados às massas, fornecendo-lhes formas de pensar, de sentir e de agir. Uma ideologia deve parecer natural, e todo o trabalho de ideólogos é o de "naturalizar" o que é construído. Nesse sentido, os aparelhos ideológicos são aparelhos "tecnológicos" ou "metodológicos", porque sustentam operações de ligação entre o mental e o concreto, o teórico e o prático, visando à submissão dos corpos. Ninguém adere a uma ideologia sem estímulos, e as operações ideológicas especializam-se em produzi-los.

Como seres de linguagem, costumamos funcionar a partir de códigos. A ideologia, nesse sentido, é uma máquina produtora de códigos. Assim, podemos falar de um código fascista produzido pelo capitalismo em sua fase desesperada, a fase neoliberal sob a qual nos encontramos agora.

Como código, o fascismo é um constructo teórico e prático, imagético e simbólico, discursivo e estético que aciona uma estimulação e uma mobilização. Ele prepara o indivíduo e o faz agir a serviço de uma ordem superior facciosa que visa a se alastrar, dominar e destruir quem possa atrapalhar o processo da dominação para o qual ela foi criada. Dessa maneira, o fascismo é uma tecnologia política criadora de massas capazes de violência simbólica e física. Mas essa violência só pode ser acionada a partir de codificações e decodificações, ou seja, de um sistema de signos envolvidos no discurso de ódio. Quando os meios de comunicação, como o rádio e o cinema, que são os históricos criadores de massas, tornam-se fascistas, é difícil combater o fascismo sem que se precise enfrentar esses meios. Do mesmo modo, em relação às demais corporações, sejam elas empresas que vendem produtos comuns, sejam empresas que vendem Deus como mercadoria e manipulam a fé, o fascismo como exacerbação do ódio que está no bojo de toda intolerância está em cena e fica difícil de ser combatido. O fascismo se tornou uma indústria e um mercado no qual circula o ódio e todos os seus subprodutos desinformacionais.

Uma verdadeira economia política da linguagem, envolvendo produção e consumo de ódio está em vigência. O código fascista é um aparelho de publicidade que não funciona sem o ódio. A importância dos discursos de ódio com frases feitas, às vezes mais agressivas, às vezes mais sutis, e dos meios de comunicação que as produzem e transmitem, é imensa nesse processo, e as pessoas estão, infelizmente, entregues a isso como jamais se viu na história, afinal, nunca se viveu sob condições tão tecnológicas.

O ódio como cerne da intolerância move a ideologia como combustível a mover uma engrenagem. O alvo são os corpos indesejáveis. A ameaça ao sistema econômico, racial, xenófobo, machista e capacitista – ou seja, de exclusão dos corpos definidos como portadores de deficiência – é manipulada por agitadores e líderes, cuja função é levar a sociedade ao extremo do delírio, a uma verdadeira fantasia coletiva, mas muito prática para os objetivos do sistema. O ódio serve de substância estupefaciente, rumo à fantasia da dominação total, na qual não haverá seres diferentes porque eles terão sido eliminados. Esses seres são criados e etiquetados como inimigos. A indústria do fascismo produz inimigos também como mercadoria para vendê-los no mercado fascista. O próprio populismo é, nesse caso, uma questão de mercado. Por isso, o fascismo não permite o discurso da diferença como direito do outro à existência, mas pratica a apologia da desigualdade sempre em tom cínico, como se ela fosse uma verdade necessária e natural.

Cada indivíduo que é capturado pelo código fascista com seus símbolos e signos, discursos e gestos criados em torno do ódio, dentro do qual passa a atuar, é convocado pela sensação de ameaça, porque já não é um ser convocado por sua capacidade racional. Por isso é difícil argumentar com um sujeito tomado pelo fascismo. O fascismo é, para um indivíduo seduzido por ele, um ritual constante, uma espécie de paixão ou religião fanática, porém, acionada politicamente, quer dizer, junto ao coletivo. Para usar termos foucaultianos, podemos dizer que o processo de sedução é anatomopolítico, ou seja, vai direto ao corpo e à vida do indivíduo isolado, mas lhe promete uma biopolítica, ou seja, promete dar ao seduzido uma condição coletiva, permitir-lhe participar de um "clube". Um clube de caça ao inimigo que move hordas e massas aduladas e criadas para seu próprio narcisismo.

O indivíduo conquista, na sua adesão ao fascismo, uma comunidade, mesmo que espectral e irreal. A comunidade conquistada é o que lhe livra do medo, mas não da sensação de ameaça. Bom lembrar nesse caso que a "racionalidade técnica é a racionalidade da dominação" de Adorno e Horkheimer, para pensar o que nos move. Mesmo que possamos apelar à toda a nossa ética e à melhor utilização dos meios técnicos criados pelos seres humanos, a técnica é intimamente ligada à dominação na medida em que ela define o funcionamento e o metabolismo social do mundo. Logo, derrotar o fascismo é algo que exige de nós uma atenção milimétrica sobre a presença da técnica em nossa vida, porque o fascismo exige que nos transformemos em robôs movidos por ódio, lixiviados de outros desejos, incapazes de perceber que aquele que se fascistiza está destruindo a vida da qual ele mesmo depende. Diante disso, a questão que nos colocamos é: como pessoas podem ser conduzidas a ações de destruição do outro e de si mesmas sem nenhum tipo de questionamento?

4. A ameaça administrada

Para evitar a destruição do capitalismo, destrói-se a humanidade. Por isso, a opção entre "civilização ou barbárie" entra tantas vezes em jogo quando se fala de fascismo. Há uma sensação de ameaça generalizada. Não se trata apenas de medo, o sentimento diante de uma ameaça real, mais muito mais de angústia, um medo abstrato e flutuante e sem objeto. É essa angústia que é mobilizada pelos agitadores fascistas; é angústia do próprio sistema que se projeta em ódio ao inimigo.

A sensação de ameaça é produzida por grupos que se beneficiam dela e, como qualquer ameaça, não pode ser vivida racionalmente, inclusive porque não se trata de uma ameaça real e racional. O medo é administrado e se constitui como um sistema dentro do qual habitar. Freud dizia que a paranoia era uma espécie de sistema filosófico que não deu certo, e se lembrarmos dos "filósofos" que servem de "gurus" para Bolsonaro, entenderemos o que isso pode significar. No Brasil, a paranoia como sistema forjado no medo que transforma tudo em ameaça sequestrou a palavra filosofia para seus fins destrutivos justamente porque a filosofia sempre foi uma ameaça. Como diziam Adorno e Horkheimer, o pensamento reflexivo sempre foi o maior inimigo do fascismo. No Brasil, o fato de um governo em guerra contra o conhecimento, as universidades, a educação, a ciência, as artes, um governo terraplanista e negacionista ter erigido um ex-astrólogo a "filósofo" e a guru de Estado vem a ser um sintoma da própria paranoia elevada à forma de governo. Não há futuro para um país que se deixa levar pelo delírio produtor de inimigos e que constrói "heróis" com esse objetivo. A estratégia de produção de inimigos, gesto automático dos populismos, eles mesmos jogos sujos forjados em paranoias, é, ela mesma, destrutiva da sociedade.

Administrada, a paranoia, soa como algo natural, algo que nunca teria sido diferente e captura com mais facilidade todas as cobaias desavisadas.

Nesse contexto, a "ameaça comunista" soa como uma fantasia incompreensível. Quem é atacado como sendo "comunista" constantemente não se reconhece sob essa definição. Há pessoas que simplesmente defendem a democracia e que jamais se autodefiniriam como comunistas sendo tratados como tais. Na retórica própria ao código fascista, um comunista é um monstro que come criancinhas e, de fato, há pessoas que acreditam nisso, por mais incrível que possa parecer. A ameaça se transforma em uma forma de vida na paranoia e tudo é possível.

A ameaça econômica, real ou imaginária é também sempre uma ameaça psicológica que os donos do poder econômico, político e publicitário sabem manipular a seu favor. Mas eles manipulam aquilo mesmo pelo que se sentem ameaçados. Daí o elemento projetivo do fascismo. O terrorismo fascista é o medo arcaico de uma sociedade na qual os donos do poder temem perder seu poder e então decidem eliminar os inimigos que os ameaçam.

No extremo, podemos dizer que aqueles que se sentem ameaçados entram em estado de pavor. O pavor é um medo profundo e sem objeto, que está para além das angústias mais primitivas. O inimigo surge no estado de pavor, pelo qual sujeitos ameaçados e apavorados sentem a chance de amenizar essas sensações horripilantes. O "inimigo" deverá ser previamente construído e, então, ser destruído. Há grupos, partidos, empresas e igrejas especializados em construir inimigos e manejar as políticas de inimizade.[1] Diante do inimigo em potencial, os agitadores e líderes manipuladores podem acionar, por meio do código fascista, a "autorização" à ação, pela decifração de uma mensagem de guerra na qual a denominação do inimigo é fundamental. Basta dizer "comunista", "petralha", "esquerdista", "feminista", "marxista cultural", e o código está acionado e pronto a ser obedecido pelas massas hipnotizadas. É acionando códigos que despertam comportamentos que a publicidade vende seus produtos, é assim que funciona a política reduzida à publicidade no fascismo.

O sinal de "arminha", a ameaça "docilizada" ou "fofa" que se tornou símbolo de Bolsonaro fez parte do código fascista bolsonarista. Simular uma arma com as mãos não era, contudo, uma brincadeira. Prova disso é já

---

1 Achile Mbembe, *Políticas da inimizade*, Lisboa, Antígona, 2017.

o primeiro ato governamental de Bolsonaro, ser justamente liberar as armas no Brasil e toda a matança de pessoas conforme vem se realizando no país desde então – seja por meio da polícia, seja por meio da falta de políticas para enfrentar a pandemia do Coronavírus, no momento em que escrevo este livro.

Aquele que se sente ameaçado busca ameaçar. Toda a estética da brutalidade, a violência que vemos, seja verbal, imagética ou física por parte do governo tem a função da ameaça, ela mesma uma forma de ostentação, ela mesma uma retórica com fins de sedução e persuasão dos indivíduos que devem vir a compor as massas que não preexistem ao fascismo, mas são criadas a partir de estímulos. A saudação nazista com a mão erguida, que já vem sendo usada no Brasil em contextos variados – embora na Alemanha isso seja crime – é uma marca importante do código fascista que se expressa também como uma espécie de "grife", na qual podemos incluir tanto os figurinos da Ku Klux Klan, a estética sequestrada dos skinheads pela extrema direita, quanto a aparência militar dos cabelos curtos e dos músculos torneados da masculinidade ordinária de nossa época. Toda essa estética da violência ostentatória se baseia na função da ameaça que impõe o medo ao outro como forma de evitar o próprio. O fascismo é a estética do terrorismo capitalista.

A retórica da ameaça na qual aquele que denuncia a ameaça se torna o portador da promessa de salvação enquanto se libera da ameaça de mudança social faz parte da vida desses líderes que ficaram para a história como personagens nefastos. Hitler não foi o primeiro e Bolsonaro não será o último a comandar as massas na base do grito histérico, que aciona o código da violência verbal e imagética fascistas.

O fascismo usa a estética do grito, cujo fundamento é o slogan mítico. Do *"Heil Hitler!"* ou "Alemanha acima de tudo", ao *"Make America Great Again"*, de Trump, passando pelo "Deus acima de todos, Brasil acima de tudo", ou o próprio "Bolsonaro é o mito!", o que se busca é acionar a emoção primitiva. Comover pessoas sem consciência sobre o que fazem e o que dizem é a regra. Por meio do grito, aciona-se o código violento da frase feita, que alerta a atenção administrada e orienta ao inimigo. Palavrões e clichês violentos servem de signos a serem repetidos para uma coreografia de violência e abjeção. Pode-se usar a suástica para isso, ou uma camiseta da seleção brasileira, ou uma bandeira dos EUA. O código da violência se articula bem em rituais pelos quais ele se mostra, aparece e seduz, e funda assim a coletividade unida pela violência para destruir por destruir.

5. Êxtase

No ano de 2016, uma advogada, a responsável pelo pedido de impeachment contra Dilma Rousseff, participou de um ato político, no qual fez um discurso inflamado com metáforas carregadas de *nonsense*. Naquela ocasião, enquanto falava com um microfone em uma das mãos, ela girava a bandeira nacional agressivamente com o outro braço, erguido para o alto. Seus cabelos abundantes e agitados e o seu rosto marcado por um esgar de ódio alucinado compuseram uma cena que deixou muita gente atônita. Discussões se seguiram pelo Brasil afora colocando em questão a sanidade da advogada, que acabou por ser eleita para a Assembleia Legislativa com uma votação espantosa no pleito seguinte, em 2018.

Pessoas se ergueram para afirmar que não se podia adjetivá-la como "louca" e que não se devia misturar a questão da saúde mental com o fascismo evidente no discurso e na cena. De fato, não se pode substituir um diagnóstico pelo outro, mas, ao mesmo tempo, fascismo e distúrbios emocionais e cognitivos, ou seja, posicionamentos políticos e problemas na esfera mental, não são simplesmente excludentes. Fato é que essa personagem se capitalizaria com aquela cena que, para uns, foi ridícula. Enquanto provocou "vergonha alheia" nos intelectuais, o que ela causou no povo foi um transe, do mesmo tipo que Bolsonaro causou na população em 17 de abril de 2016, quando ocorreu a votação do impeachment de Dilma Rousseff no Congresso Nacional.

Em um texto recém-descoberto, Theodor Adorno, fala em um resíduo de "incapazes ou de loucos"[1] que há em toda democracia que nunca conseguiu

---

1 Theodor Adorno, "Unbeleherbaren oder Narren" [Invencível ou tolo], in *Aspekte des neuen Rechts-radikalismus* [Aspectos do novo radicalismo de direita], Berlim, Suhrkamp, 2019, p. 17.

se realizar totalmente. Ele fala da relação estrutural profunda dos movimentos fascistas com os sistemas demenciais (*Wahnsystem*). Minha hipótese é que tais personagens e suas cenas compõem aquilo que, em Foucault, é o poder infame, o poder que nasce do discurso grotesco[2] e que o reproduz para se sustentar. A meu ver, cenas como a protagonizada pela advogada têm poder estupefaciente, funcionam produzindo êxtase. Tais cenas são imagens rituais capazes de tocar as pessoas desprotegidas em instâncias subjetivas pouco conhecidas, como, por exemplo, a esfera "fisioteológica" de nossas experiências,[3] e capturá-las. O efeito não é efêmero, ele tem a temporalidade da hipnose.

Muitas pessoas são cativadas pela agressividade porque ela representa uma emoção diante da frieza generalizada de suas vidas. É como se, ao odiar, pudessem finalmente sentir alguma coisa. O ódio é cativante no sentido de aprisionar emocionalmente, fornecendo compensação subjetiva. Como somos seres sociais e políticos, a compensação é também psicossocial quando se cria uma comunidade do ódio. A frieza é um padrão afetivo, uma maneira de sentir, mas também um padrão estético, dado na estrutura do aparecer, ou seja, no momento visual, na estrutura do sensível capitalista e do neoliberal. O fascismo é um código que autoriza o ódio contra o inimigo, mas, evidentemente, ele só funciona porque o capitalismo como um todo, ele mesmo, um código distópico de catástrofe, destruição e violência que prepara o terreno social para plantar uma violência desmedida e sem retorno.

Gente tocada pelo ódio provavelmente foi tocada ao mesmo tempo pelo pavor, e quem foi tocado pelo pavor pode ser tocado pelo êxtase, estágios irracionais manipuláveis. Sabemos que a tragédia antiga, na teoria de Aristóteles, é uma elaboração teatral do mito. Ora, no mito, somos confrontados com o pavor; a tragédia como teatro é o que nos leva à sensação da piedade. Diante de cenas brutais, muitas pessoas têm uma reação que permanece em estágio apenas mítico, ou seja, não elaborado e que não atinge a piedade ou a compaixão culturalmente produzidas. O fascismo mobiliza a catarse, mas

---
2 Michel Foucault, *Os anormais*, São Paulo, Martins Fontes, 2010b.
3 Christoph Türcke, *Sociedade excitada: filosofia da sensação*, Campinas, Editora da Unicamp, 2010.

não a catarse em sentido de purificação da paixão. É a elaboração trágica que permite chegar à compaixão. No fascismo, falta tragédia e sobra farsa, que é própria da comédia, como veremos mais adiante.

Pessoas colocadas diante da cena mítica sem a elaboração trágica podem cair em êxtase, em um estado de transe, como se fosse uma espécie de anestesia moral ou cognitiva. Nesse estado, pode-se ficar totalmente suscetível a qualquer armadilha. Há também pessoas e grupos que fazem parte desse jogo sabendo o que fazem. Podem ganhar muito dinheiro manipulando essas cenas ou situações a partir das quais se pode produzir êxtase. Êxtase é basicamente o que se sente diante de uma propaganda ou de um filme ao qual se é exposto. Êxtase não quer dizer simplesmente prazer, mas se trata de um estado acionado pelas religiões e se trata de um transe. É considerando as condições nas quais pessoas comuns são suscetíveis à mistificação até o limite do êxtase, ele mesmo transformado em mercadoria, que o fascismo se transformou em uma indústria e um mercado,[4] no contexto do neoliberalismo atual.

O fascismo permanece na história como um código capaz de aglutinar comunidades de ódio baseadas na compensação emocional. Por meio desse código, tenta-se tornar natural o sistema de preconceitos como arma de ataque contra pessoas indesejáveis, até o limite do mal radical, ou seja, o mal que visa à pura e simples aniquilação do outro, incluso o planeta. Dizer isso pode parecer um exagero, mas é fato que há muitos grupos que visam à destruição pela destruição, sem perceber muitas vezes que estão produzindo a sua própria autodestruição. É muito difícil lutar contra esse tipo de guerra exercida contra tudo e todos e que não tem limites para servir ao capital. Esse é o funcionamento da ideologia neoliberal, ela mesma um grande negócio sem limites, que deve promover uma sociedade sem lei para sua própria autogarantia.[5] Esse serviço se faz como um ritual que promove a sensação estupefaciente. O fascismo é um gozo profundo daqueles que não têm mais como se sentir vivos.

---

4 Ver o documentário *The Great Hack* [O grande hackeamento], 2019, de Karim Amer e Jehane Noujaim.
5 Rubens R R Casara, *Sociedade sem lei: pós-democracia, personalidade autoritária, idiotização e barbárie*, Rio de Janeiro, Civilização Brasileira, 2018.

6. Do que falamos quando usamos a expressão "fascismo" e "neonazismo"?

Embora "fascismo" seja um termo criado por Mussolini,[1] seu conceito foi muito além e vem sendo usado de modo expandido há muito tempo. Podemos denominar fascismo tanto o fascismo em potencial,[2] no qual o sentimento pessoal de ódio contra o diferente é um fato preponderante, quanto a formação sociopolítica ou o movimento de massa estruturado a partir do ódio e do orgulho declarado a preconceitos contra inimigos fantasiosos. O fascismo é sempre uma ideologia e uma tecnologia política que se imiscui na vida cotidiana e, por movimentos diversos, atinge pessoas comuns, grupos e pode chegar aos governos e Estados, produzindo morte e destruição em massa, como aconteceu na Alemanha no século XX e como vem acontecendo em vários países do mundo e, sobretudo, no Brasil.

A expressão tem uma história efetual e foi usada por muitos outros autores e pensadores. Podemos dizer que o fascismo se desenvolveu também como uma racionalidade, ou seja, uma forma de pensar, sentir, agir e de

---

[1] Não devemos esquecer que foi Benito Mussolini que deu o nome "fascismo" ao movimento que se desenvolveu ao seu redor depois da Primeira Guerra Mundial e que foram os italianos que usaram o termo "*fascio*" para denominar o "feixe", ou a liga, entre os diversos galhos (os indivíduos) que, reunidos, tinham mais poder. Não há nada de mais nessa definição, pois ela revela apenas o sentido básico do poder político (a ideia de união pode servir ao povo, às elites, às minorias). O que há de curioso é como isso se desenvolve de maneira conservadora e reacionária e cria massas ao seu redor. Ver Robert Owe Paxton, *Anatomia do fascismo*, São Paulo, Paz e Terra, 2007.

[2] Theodor Adorno, Else Frenkel-Brunswik, Daniel Levinson, Nevitt Sanford, *The Authoritarian Personality*, Londres/Nova York, Verso, 2019. [Ed. bras.: *Estudos sobre a personalidade autoritária*. São Paulo: Editora Unesp, 2019.]

fazer funcionar instituições.³ O fascismo é, além disso, uma metodologia política com fins econômico-ideológicos e uma performatividade, ou seja, uma forma estético-política grotesca e delirante[4] que captura a totalidade dos corpos sensíveis e os coloca em uma espécie de hipnose, êxtase ou posição estupefaciente em termos políticos. Há um processo de fascistização que opera na sociedade em nível subjetivo, como no fascismo em potencial e um processo de fascistização que opera em nível estatal.

Podemos dizer que hoje é o velho núcleo conceitual e afetivo do fascismo que retorna. O fascismo é também uma mentalidade que é, ao mesmo tempo, uma tecnologia política pela qual um inimigo deve ser criado para que possa ser destruído. Podemos dizer que é o mesmo ódio organizado e administrado contra o outro, mas sob novas condições, aquelas do mercado e das novas tecnologias a ele aliadas, que vêm à tona mais uma vez na história humana. Podemos chamar ao fenômeno atual de "neofascismo", mas o prefixo não vale muito se não entendermos bem de que novidade se trata. O esforço deste livro é o de apresentar o problema enquanto vai oferecendo maneiras de solucioná-lo.

Qualquer termo que venha a ser usado para definir o fenômeno será complexo, insuficiente, precário diante do objeto. Talvez fosse melhor chamá-lo de neonazifascismo, mas podemos designá-lo também como "turbotecnonazifascismo" ou "turbotecnomachonazifascismo". Por isso, neste livro, opto por abreviar esse sistema de preconceitos organizado por códigos de violência e opressão sob o termo geral de "nazifascismo", pressupondo que leitoras e leitores tenham como dado que ele é "turbotecnomachonazifascista", definição que este livro busca elucidar.

Com um título como esse, não se trata, evidentemente, de apenas interpretar o fenômeno, mas de, ao buscar compreendê-lo, ponderar sobre as soluções para os problemas que ele apresenta. Nesse sentido, este livro trabalha com a questão "como derrotar" como um operador contra o fenômeno do "turbotecnomachonazifascismo" colocando-se, ele mesmo, como um livro antiturbotecnomachonazifascista.

---

3 Marcia Tiburi, *Filosofia prática: ética, vida cotidiana, vida virtual*, Rio de Janeiro, Record, 2014.
4 Marcia Tiburi. *Delírio do poder: psicopoder e loucura coletiva na era da desinformação*, op. cit.

Derrotar o turbotecnomachonazifascismo não é um processo que deve pressupor que ele seja uma coisa que se possa pegar e desmontar. De certo modo, todos os esforços civilizacionais, a cultura, a arte, a educação, seja qual for o exemplo que tomemos, em termos de entender os esforços por democracia, ou os esforços por um mundo melhor em sentido ético, tudo o que se fez em termos de desejo de um mundo melhor, mais justo e com mais reconhecimento, tudo isso sempre impediu que o fascismo avançasse. Se o Brasil não caiu no fascismo antes, pelo menos recentemente, pois podemos dizer que a ditadura militar tinha um caráter fascistoide, foi porque as condições para que o fascismo se instaurasse não eram favoráveis. Portanto, trata-se sempre de trabalhar por condições civilizacionais, institucionais e subjetivas que impeçam o seu germinar.

Derrotar o turbotecnomachonazifascismo depois que ele é implantado é o que há de mais complicado. Esse tipo de fenômeno é um sintoma de uma sociedade que é capaz de criar sua própria autoaniquilação. Trata-se, portanto, de lutar contra a autoaniquilação como uma tendência generalizada. Essa é a luta pela vida justa contra tudo o que a impede, uma luta, portanto, contra a guerra movida contra a própria vida humana organizada em sociedade. Uma luta contra a violência que aparece na sua codificação recebida inconscientemente. É uma luta em que a ética, como autoconstrução do sujeito, precisa estar presente, fomentando uma subjetividade capaz de conter o fascismo.

7. Neonazismo, turbomachofascismo e tecnonazifascismo

Embora o fascismo possa ser eterno, como afirmou Umberto Eco,[1] ele também sofre modificações históricas, e a grande mudança que vivemos hoje é a da vida digital. Os meios de comunicação digitais produzidos pelo imenso mercado digital que é a internet e as redes sociais transformaram o próprio fascismo, como sistema do ódio ao outro, em mercadoria. Há um mercado do ódio, um valor do ódio manipulado por técnicas de psicopoder no campo do psicomercado, sobre o qual iremos falar mais adiante. Tudo isso tem relação com a política rebaixada à publicidade. Cidadãos e cidadãs foram rebaixados a consumidores e funcionários, sejam pagos, sejam voluntários ou inconscientes, a escravos digitais. Tornar-se um fascista se tornou uma função subjetiva dentro do sistema.

Podemos comparar o fascismo nos diversos países e, infelizmente, no nosso Brasil, com o fascismo de Mussolini e o nazifascismo de Hitler. Mas a grande diferença desses grandes sistemas autoritários com os que estão em cena hoje se estabelece relativamente às novas condições tecnológicas dos meios de comunicação e difusão, bem como da cultura em seu sentido geral, o que inclui o sentido moral, estético e político voltado para o mercado. Mercado é o nome da estrutura à qual serve o neoliberalismo. Assim como a ágora era o espaço comum da democracia grega, o mercado é o espaço comum do neoliberalismo. O fascismo atual é incrementado pelo mercado,

---

1 Umberto Eco. *Il fascismo eterno*, Milão, La nave di Teseo, 2017. [Ed. bras.: *O fascismo eterno*, Rio de Janeiro, Record, 2018.]

sendo ele mesmo um produto de mercado, uma mercadoria que é vendida e trocada como uma espécie de código em uma economia política da linguagem. Também a linguagem é consumida na internet e nas redes sociais de um modo que, há cem anos, seria inimaginável em meios de comunicação e produção da linguagem analógicos.

A América Latina vem sendo vista há tempos como um "laboratório para a experiência das políticas neoliberais".[2] Neoliberalismo e neonazifascismo se reúnem no projeto de Jair Bolsonaro, levado à presidência por milicianos e pelas oligarquias e burguesia brasileiras. A questão se torna ainda mais grave se lembrarmos que há mais de trezentos grupos neonazistas, que usam a suástica como símbolo, localizados no Brasil,[3] e esse número vem crescendo. Do mesmo modo, manifestações tais como a de um secretário de Estado imitando ninguém menos do que Joseph Goebbels deixou claro que os ideólogos fascistas não têm limites em seu projeto.[4] A associação com ideias e imagens do chamado *White Power*, ou supremacismo branco estadunidense, que deriva da Ku Klux Klan e tem representantes em todo o mundo, vem crescendo também no Brasil, apesar de os membros latino-americanos não serem reconhecidos por supremacistas caucasianos como "brancos". Esse tipo de contradição cresce porque se trata de um mecanismo ideológico de fácil adesão, e os agitadores fascistas se empenham como funcionários a serviço do mercado, algo que muitos são, na prática, na condição de agentes financiados. Formas modernas de nazifascismo surgem diariamente

---

2 Luiz Alberto Moniz Bandeira. "As políticas neoliberais e a crise na América do Sul", *Revista brasileira de Política Internacional*, Brasília, v. 45, n. 2, pp. 135-146, dezembro, 2002.
3 <www.folha.uol.com.br/poder/2020/05/bolsonaro-diz-que-gastou-r-739-mil-do-cartao-corporativo-com-resgate-em-wuhan.shtml>
4 O ex-secretário de Cultura Roberto Alvim, em vídeo que imitava Goebbels, com cenário similar e figurino praticamente idêntico ao usado pelo nazista em seu conhecido pronunciamento, citou o discurso do próprio fascista *ipsis litteris*: "A arte brasileira da próxima década será heroica e será nacional. Será dotada de grande capacidade de envolvimento emocional e será igualmente imperativa, posto que profundamente vinculada às aspirações urgentes de nosso povo, ou então não será nada". Em *Goebbels: a Biography* [Goebbels: uma biografia], de Peter Longerich (Random House, 2015), encontram-se as seguintes palavras do alemão, no discurso citado por Alvim: "A arte alemã da próxima década será heroica, será ferreamente romântica, será objetiva e livre de sentimentalismo, será nacional com grande *pathos* e igualmente imperativa e vinculante, ou então não será nada."

capitalizando-se pelo ódio e pela promessa do caos,[5] pelo terrorismo racista e machista. Por isso, o termo "nazifascismo" é adequado para designar o fenômeno atual – e "turbotecnomachonazifascismo" é ainda mais.

O prefixo "neo", usado para falar desses grupos, implica um cuidado histórico evidentemente válido. Contudo, a diferença mais importante entre o fascismo, o nazifascismo do século XX e o fenômeno contemporâneo está, a meu ver, nas condições tecnológicas a partir das quais essas ideologias se desenvolvem e são difundidas hoje. Se levarmos em conta o que Adorno e Horkheimer afirmaram em 1947, que a racionalidade técnica é a racionalidade da dominação,[6] conseguimos entender o neonazifascismo atual como um empreendimento cujo sucesso está no incremento tecnológico. Podemos dizer que passamos de um fascismo analógico a um fascismo digital. A própria internet é um mercado no qual as pessoas são tratadas como escravos e mercadorias ao mesmo tempo. Nas redes sociais, cada cidadão é como que vendido para ele mesmo por ele mesmo, e se retroalimenta de seus pares em um circuito de reconhecimento espectral, de "curtições" compensatórias. A explosão ideológica do fascismo é uma explosão mercadológica e tecnológica, que tem no ódio exposto nas redes sociais uma prova de seu alcance.

No Brasil e no mundo, podemos falar de um tecnofascismo, ou tecnonazifascismo, no qual não há apenas pessoas humanas movidas por seus afetos de ódio e ressentimento a discursar e atacar, mas um número imenso de robôs movidos para estimular o jogo de linguagem fascista. Esse jogo de linguagem remete ao código verbal e imagético, baseado em frases de ódio e todo tipo de ataque a inimigos "comuns". Trata-se de uma espécie de armadilha colocada nas redes sociais para capturar subjetividades esvaziadas e tem o objetivo de capturar pessoas, mas não apenas isso. Ela visa a, além de tudo, apresentar alta audiência para impressionar a todos. A audiência é a forma que a "hegemonia" assumiu, na era do espetáculo e da razão pu-

---

5 O "300 do Brasil", que reúne aproximadamente trinta pessoas lideradas por Sara Geromini, que usa como apelido o nome da socialite nazista Sara Winter (Sara Domville-Taylor, 1870-1944), é um exemplo de um grupo de poucos integrantes, mas que busca por produção caótica de impacto. <www.apublica.org/2020/05/especialistas-apontam-semelhancas-entre-os-300-de-sara-winter-e-grupos-fascistas-europeus>
6 Theodor Adorno e Max Horkeimer, *Dialética do esclarecimento*, Rio de Janeiro, Zahar, 1984.

blicitária que domina o mundo, e os grupos fascistoides ou nazifascistas, no Brasil se aproveitam disso.

Podemos definir essa forma atual de nazifascismo pelo nome genérico de "turbofascismo" em sentido econômico e tecnológico digital. Sua forma de ser é um teatro espectral voltado à performance em esferas digitais, em que tudo deve parecer gigantesco e espetacular. Mussolini e Hitler já operavam com uma gramática da grandiloquência visual por meio do cinema, da arquitetura e da propaganda. Mas, naquela época, a produção se dava de maneira analógica, com técnicas de composição e impressão mecânicas. Os fascistas de nossa época têm a internet e todo tipo de tecnologia digital para agir rapidamente. Redes sociais, tais como o WhatsApp, são usadas pela extrema direita para disseminar mentiras, campanhas de difamação (das quais a autora deste livro é vítima) e fake news. Esse tipo de atividade é evidentemente proibida no Brasil, mas a extrema direita a utilizou durante a campanha de 2018 por meio de celulares com números estrangeiros.

As novas tecnologias e, sobretudo, a internet modificaram o que chamamos de fascismo. O fascismo do século XX ainda não contava com a televisão, que surgiu em 1950, depois do fim da Segunda Guerra Mundial. O fascismo atual conta com a televisão que, no Brasil, formou um tipo de cidadão comodista, prostrado diante das telas,[7] que lhe bombardeiam diariamente alguma informação e altas doses de desinformação. O fascismo atual conta ainda com a velocidade da difusão e da proliferação de ideias, de discursos e imagens pela internet. Sobretudo, o fascismo conta com as redes sociais que são, para ele, redes de contágio social.

Não há fascismo sem propaganda. As mais perfeitas e perversas condições estão dadas para o avanço do fascismo nos tempos da razão publicitária, ou seja, da lógica das relações intersubjetivas e institucionais pela qual todas as coisas não apenas são transformadas em mercadoria, mas também são transformadas em coisas que devem ser submetidas à propaganda. A própria vida é vivida como se ela devesse sempre ser exposta e anunciada, como se fosse uma peça publicitária com valor de capital. As redes sociais

---

7 Marcia Tiburi, *Olho de vidro: a televisão e o Estado de exceção da imagem*, op. cit.

se especializaram em nos vender para nós mesmos e contam para isso com nosso narcisismo e nosso pavor da solidão. O bom uso das redes vai depender de nossa consciência acerca desse jogo e de como podemos agir para ultrapassar essa condição imposta. A derrota do fascismo vai depender de nossa capacidade de rever o sentido e transformar as redes sociais em ambientes realmente sociais e que possam ir além do narcisismo pelo qual o cidadão, esvaziado de sua subjetividade, é capturado. Isso não é pouco quando levamos em conta que o fascismo é um processo de construção de hegemonia que visa a aniquilar todos os que pensam diferente. Um mundo de comunicação verdadeira, ou seja, não violentadora, precisa ser construído, já que vivemos na era da comunicação e da vida digital sob a regra de uma racionalidade técnica como racionalidade da dominação.

A vida digital é constituída pelo que venho chamando, desde *Como conversar com um fascista*, de "ato digital" dentro de um cotidiano digital, tal como eu já havia proposto em um trabalho anterior chamado *Filosofia prática*.[8] O ato digital corresponde a uma redução da ação política à esfera digital, como se a esfera analógica, o mundo da vida propriamente dita, das ruas e das manifestações em que o corpo vivo está em cena, já não importasse para a ação que constitui a política. Exércitos e milícias midiáticos agem de modo digital e conquistam maiorias, que também agem de modo digital, em um processo de esvaziamento da vida concreta que pode ser altamente destrutivo. O discurso fascista em ambientes digitais e virtuais se torna tática de guerra entre os vivos, mas é reproduzido pelos robôs, ou seja, os não vivos. Esse estado de coisas altera o sentido da vida cotidiana e do nosso modo de ser.

Estamos diante do funcionamento tecnoespectral da guerra política com os objetivos do psicopoder, ou seja, do cálculo que o poder faz sobre o que as pessoas pensam e sentem, um cálculo sobre a linguagem e a subjetividade. Inspiro-me para a construção do termo "psicopoder" na terminologia de Michel Foucault: se "biopoder" é o "cálculo que o poder faz sobre a vida", se "tanatopoder" é o poder de morte, "psicopoder" é justamente o cálculo que o poder faz sobre o universo dos pensamentos e dos sentimentos, o cálculo

---

8 Idem, *Filosofia prática: ética, vida cotidiana, vida digital*, op. cit.

sobre a linguagem.⁹ Se pensarmos que os atos linguísticos são justamente ações, então precisamos compreender a sua performatividade, os efeitos que eles causam no mundo, como faremos adiante.

É a natureza do ato fascista nas condições microtecnológicas e digitais de nossa época que se deve analisar na intenção de derrotar o nazifascismo atual. O ato digital é o princípio de nossa robotização, ele é o gesto que define a nova forma cotidiana, mas também é o cerne de uma tática pela qual a "indústria cultural digital" toma o todo da nossa vida, seu pensamento, emoção e ação. A substituição do esquematismo do pensamento pela indústria cultural já era uma forma de psicopoder. Nesse sentido, a racionalidade técnica como forma da dominação é a forma fundamental do psicopoder. Não haverá superação de qualquer tipo de fascismo se não desmontarmos as estratégias de psicopoder, que se valem da propaganda e de sua difusão em processos de dessubjetivação em massa, o que, em termos simples, significa "lavagem cerebral",¹⁰ o que hoje em dia não precisa se realizar com procedimentos de tortura, mas apenas com os "torturantes" produtos da indústria cultural.

Os atos fascistas do passado eram analógicos, hoje são também digitais. O que isso muda na prática e no enfrentamento do fascismo ou do nazifascismo? O turbofascismo é produzido em condições tecnológicas, que lhe dão velocidade digital em termos de transmissão e uma intensidade operacional na conquista de corações e mentes fragilizadas eticamente, o que faria inveja a Hitler e assemelhados. O fascismo tem a estrutura de um jogo de linguagem, mas de um jogo também no sentido dos games violentos, viciantes, que chamam ao gozo as subjetividades esvaziadas em termos de pensamento, emoção e ação. Ora, o fascismo não surge por geração espontânea na subjetividade humana. São as condições da linguagem que permitem o nascimento do fascismo, e, por isso, compreender os meios de produção da linguagem que levam ao que estou chamando de "código" é

---

9 Michel Foucault, *História da sexualidade*, v. 4, São Paulo, Paz e Terra, 2020. Marcia Tiburi, *Delírio do poder: psicopoder e loucura coletiva na era da desinformação*, op. cit.
10 Naomi Klein, *A doutrina do choque*, Rio de Janeiro, Nova Fronteira, 2008. Nesse livro, Klein nos mostra como se produz lavagem cerebral em nível técnico e como vem sendo usada em pesquisas nos EUA e aplicada nas torturas das ditaduras latino-americanas.

tão importante. Se os meios de comunicação e de produção da linguagem organizam a ordem do discurso – ou seja, que rituais devem e podem existir, quem pode e quem deve falar e quem deve calar, de que modo se deve falar, que palavras usar e o que evitar –, isso também ocorre na ordem do discurso fascista, um discurso de fácil adesão e de fácil expressão. Seu sistema semiótico usa poucos elementos. Tudo é conduzido ao ódio e à violência. Nesse sentido, opera dentro de um padrão que elimina qualquer tipo de dificuldade, pode ser copiado e colado, repetido largamente e proliferar-se na direção da totalidade do mundo.

8. Performatividade nazifascista

É preciso entender o fascismo sob condições digitais, no contexto em que as redes sociais definem um novo espaço e tempo para o pensamento, a sensibilidade e a ação. É preciso entender o fascismo no contexto da lógica dos "aparelhos", para usar um conceito de Vilém Flusser[1] que explica que agimos dentro de limites de programações que nos precedem. Assim como as redes sociais podem expandir a democracia, elas podem expandir o autoritarismo. Nem a democracia nem o autoritarismo são inevitáveis, eles dependem de um movimento, do que podemos definir como jogo. E é esse conceito de jogo como performatividade que precisamos compreender.

Falo em jogo no sentido amplo definido por Roger Caillois:[2] encenação, brinquedo, conjunto de regras, mas também conjunto de coisas, funcionamento de uma engrenagem, estrutura, dança, movimento, jeito, esporte. Mas também me refiro a jogo de linguagem tal como foi compreendido por Ludwig Wittgenstein:[3] como algo que se constrói nas ações, ou seja, quando significados de palavras e sentenças surgem a partir do momento em que estão sendo usadas. Atualmente, é à manipulação de jogos de linguagem que assistimos nos discursos fascistoides de cidadãos e nas falas de líderes fascistas religiosos ou políticos, muitas vezes nas redes sociais.

O fascismo é, portanto, um jogo de linguagem e um jogo tecnológico ao mesmo tempo, que funciona na linguagem da tecnologia em um sentido geral,

---

1 Vilém Flusser, *Filosofia da caixa preta*, Rio de Janeiro, Relume Dumará, 2002.
2 Roger Caillois, *Les Jeus et les hommes: Le masque et le vertige*, Paris, Gallimard, 1967. [Ed. bras.: *Os jogos e os homens: a máscara e a vertigem*, Petrópolis, Vozes, 2017.]
3 Ludwig Wittgenstein, *Philosophische Untersuchungen*, Berlim, Suhrkamp, 2003. [Ed. bras.: *Investigações filosóficas*, Petrópolis, Vozes, 2014.]

mas incrementado em sentido digital em nossa época. E, como todo jogo, seu processo é o de avanço. Para vencê-lo, precisamos compreender esse jogo e aprender a atuar nas redes em nome de uma hegemonia democrática, pois já não podemos negar que vivemos em dois mundos, em dois cotidianos que se entrelaçam, embora o cotidiano virtual esteja quase solapando o cotidiano real.

Como tecnologia ou metodologia política, o fascismo realiza a "racionalidade técnica como racionalidade da dominação".[4] Ele instaura o ódio como um afeto operacional, a partir do qual a produtividade do "inimigo", como peça-chave do populismo de extrema direita, avança sem muito esforço. Depois de implantada com técnicas de propaganda (frases feitas e repetidas à exaustão, intrigas, adulação das massas, choque de notícias falsas, ícones facilitadores, graça, piadas, sedução e catarse pelo riso e pelo deboche), o processo do psicopoder se desenvolve sem mais esforços na esfera social, destruindo o sentimento público e os valores democráticos (respeito à dignidade das pessoas, senso de cidadania pessoal e coletiva, seriedade e responsabilidade) em nome de valores autoritários (indignidade no poder, anticidadania, "homem de bem" como baluarte dos preconceitos escancaradamente expostos). A polarização social não é um fenômeno natural, mas um efeito de uma política da inimizade,[5] que é produzida diariamente pelo ódio ao diferente. Basta ver que o termo "comunista" alcança na esfera cotidiana um alcance universal: qualquer manifestação democrática, mesmo de pessoas de direita, é logo etiquetada como uma forma de "comunismo".

Tornou-se evidente que, em todos os países onde a extrema direita avança, a divisão aconteceu e as categorias "direita/esquerda" se tornaram importantes, até para os cidadãos que não se importavam com elas. Provavelmente continuam sem saber do que se trata, mas usam a fórmula que traz praticidade política e compensação emocional para quem não tem existência social, política ou mesmo intelectual, o que, muitas vezes, é veleidade para uma personalidade autoritária.

Não é só a sociedade que está dividida em termos de macroescala. Famílias, círculos de amizades, grupos que pareciam consolidados vêm se

---

4 Theodor Adorno e Max Horkheimer, *Dialética do esclarecimento*, op. cit.
5 Achile Mbembe, *Políticas da inimizade*, Lisboa, Antígona, 2017.

rachando e se fragmentando. A oposição "personalidade democrática" e "personalidade autoritária" fica cada vez mais clara. Afetos são mobilizados nesse processo: se o amor define a ideia de união, o ódio define a desunião como novo metabolismo das relações intersubjetivas e interinstitucionais. O amor é simbólico e político, o ódio é diabólico e antipolítico. Nesse sentido, podemos dizer que a democracia radical a que se visa hoje é uma forma de governo baseada no princípio simbólico do amor à medida que busca fortalecer laços políticos contra a destruição da política movida pelo ódio da extrema direita.

Se quisermos mobilizar o amor para a transformação social, não basta fazê-lo em um sentido individual. É preciso institucionalizar o amor na forma de proteção a direitos humanos e de solidariedade ética e política para com os que sofrem. Nesse sentido, é preciso encontrar meios concretos de transformar a cultura moral, estética e política desde uma base antiódio. Isso deve ser feito em nível institucional, mobilizando, sobretudo, a educação. Nesse ponto, a educação, e também a formação cultural, bem como um projeto democrático de participação e representação, para os países, precisam ser estabelecidos em nível de direitos assegurados. Podemos dizer que há uma nova política, que é destruição da política? Sim, podemos. Ela é a política do ódio, é a ela que damos o nome de "fascismo" e podemos superá-la somente se nos dermos conta disso e tivermos vontade de mudar as condições nas quais ela surge.

O fascismo é um fenômeno histórico, mas também um fenômeno psicossocial e psicopolítico, ou uma forma de psicopoder, como mencionei anteriormente. O fascismo é uma forma e um conteúdo, uma espécie de órgão, de programa completo a ser aplicado aos corpos, mentes e relações entre pessoas e instituições. Ele é, sobretudo, um produto, um método que atua como uma mercadoria política funcional ao alcance de cidadãos e políticos profissionais em um processo de capitalização social e política. Daí a sua necessidade de propaganda e a função que o ridículo político, como tática de capitalização, tem nisso tudo. Os governos e Estados autoritários sempre precisaram transmitir essa forma e esse conteúdo por meios de comunicação, e quanto mais os meios se especializaram tecnologicamente na história, mais o fascismo se fortaleceu.

O ridículo assumido por personagens em performances de tom alucinado, estapafúrdio, grotesco, tornou-se uma tática que elegeu em 2018 vários tipos fascistas. Tendo isso em vista, em nível de Estado e de governo, aliado aos meios de comunicação de massa e à subjetividade destroçada, o fascismo pode se tornar incontrolável. Isso quer dizer que na era da internet o fascismo, como ápice do autoritarismo, foi paradoxalmente "democratizado". Agora, nas democracias destruídas por processos democráticos, como são as eleições, e mantidas como fachadas por palavras vãs, há fascismo para todos.

Hoje, o discurso de ódio, o princípio fundador do fascismo, ressurge ao alcance de todos, desde que foi turbinado pela internet e pelas redes sociais. Portanto, podemos falar de "turbotecnomachonazifascismo" como o fascismo da era digital, que acontece em clima de jogo. É nos meios digitais que o fascismo assume uma forma ainda mais desavergonhada do que teve no passado. O que não é por acaso. A vergonha é um sentimento ligado à visibilidade, ao que se pode ver e, portanto, julgar. Mas, nos tempos da sociedade do espetáculo, a imagem tem outro estatuto e outro sentido e, em nome do capital, pode impedir o sentimento da vergonha. Daí a capitalização do ridículo, que, em outros tempos, era inimaginável.

Ora, a vergonha é o que nos conecta com a nossa verdade. Mas o fascismo não gosta da verdade. O fascismo é uma tecnologia política que reduz a política à publicidade, por isso seus agentes muitas vezes são robôs, outras vezes se parecem tanto com robôs, que, na condição de marionetes bizarros, levam adiante palavras, sentimentos e ações que não são seus, ou seja, não derivam da autonomia de sua vontade, mas de um grande circuito em que a "ventriloquacidade", o falar por falar, o falar demais sem ter nada a dizer além de discurso de ódio e xingamento, é a regra. Tais robôs cumprem um papel no teatro fascista para uma plateia sempre disponível a se mimetizar com eles. O cinismo insuperável dos tiranos atuais só é percebido por quem, não sendo plateia, percebe estar vivendo um pesadelo. Mas há evidentemente gozo com o terror instaurado, e seria preciso colocar as instituições e a cultura para funcionar, na contramão do fascismo, para que ele não avance.

O clima de barbárie na política foi criado por tiranos que, com seus conselheiros publicitários cada vez mais bem pagos, sustentam democracias de fachada, falsas democracias, nas quais a verdade não importa. É o tempo da pós-verdade, da pós-democracia e do enterro da esperada ética que poderia haver na política. O fato de que os tiranos estejam na moda em diversos países e tenham sido eleitos democraticamente entrega a responsabilidade pela violência que infligem ao povo. A população se entrega ao líder, mas, ao mesmo tempo, ela o faz por ter sido seduzida por mecanismos de identificação controlados pelas tiranias publicitárias. O fascismo funciona no coletivo, como um exercício de poder hierárquico, escalonado, em que cada um tem um papel, e, nas escalas mais baixas, esse papel pode ser apenas o de compartilhar o que os líderes fascistas postam nas redes sociais, mesmo que sejam fake news e desinformação, ou justamente por isso.

Da Europa à Ásia, das Américas ao Oriente Médio, de Norte a Sul, de Leste a Oeste, cresce o ódio ao diferente e a pessoas e corpos apontados como inúteis e indesejáveis pelo capital, sejam trabalhadores, sejam aqueles marcados pelos preconceitos de raça, gênero, religião, cultura e origem geográfica. Desaparece a cada dia o respeito ao singular, que caracterizou a perspectiva democrática, sempre frágil e nunca suficientemente consolidada em lugar algum do planeta. A ideia de justiça e de direitos fundamentais, assegurados em um clima de cidadania, a ser cultivada e respeitada para todos os seres humanos, proposta pelo menos desde a Declaração Universal dos Direitos Humanos, cede lugar à barbárie em nível político, social, ético, estético e religioso.

Xenofobia, racismo, intolerância religiosa, aporofobia (horror às pessoas pobres) e misoginia são formas de ódio bem populares, utilizadas pelos líderes em ascensão dentro de um clima de catástrofe orquestrada. Ele se constitui em uma espécie de código distópico, no qual violência e loucura se tornam padrões de ação. O fascismo é o nome genérico de uma cultura masculinista, racista e capitalista que se baseia nesses princípios. Ligam-se a elas práticas tais como feminicídios, genocídios, encarceramento em massa, prisões políticas, polícias violentas, trabalho escravo, tráfico de pessoas que, por sua vez, não estão separados de golpes de Estado, embargos econômicos e estrangulamento de economias. O capitalismo de desastre,[6] o capitalismo

---

[6] Naomi Klein, *A doutrina do choque*, op. cit.

gore,[7] são as partes do código distópico que nutre a violenta ideologia neoliberal. No mundo do trabalho e das corporações, o desrespeito, o assédio moral e sexual, a lavagem cerebral e a cultura da desinformação se tornam regra de conduta. Tudo isso, circundado pelo Estado de exceção que se transforma em regra e destrói direitos fundamentais à saúde, ao emprego, à vida digna em todos os países.

A pandemia de 2020 mostra a incompetência do neoliberalismo, mas ele se alia a ela na direção da matança da população, abandonada a esmo, como vemos ocorrer no governo de Jair Bolsonaro. Neoliberalismo e neonazifascismo se unem historicamente, e mais uma vez.[8] A conexão entre eventos violentos e o aproveitamento da catástrofe em escala macroestrutural e microestrutural não pode ser negada. Os genocídios, que tanto nos impressionam no passado, não cessam de acontecer no presente, porque as condições que os sustentam não se modificaram, apesar de toda a nossa experiência como "humanidade". Há que se modificar essas condições, que são as de um regime econômico de destruição de um outro mundo possível, em condições dignas de sobrevivência e de existência.

A política institucional é cada vez mais uma questão de poder transformado em violência. Afetividades negativas ganham espaço junto ao dispositivo do ódio: a inveja, o ressentimento, a avareza, a lacuna de solidariedade e de senso ético e moral estão em cena sempre mais potencializados para os fins de controle ideológico das populações submetidas ao capital, escravizadas, desamparadas e abandonadas. A luta de classes cede lugar à guerra dos ricos contra os pobres. Os limites subjetivos que permitiam nos livrar da barbárie desaparecem. O respeito ao outro deixa de ser uma questão quando os jogos de poder, nos quais estamos todos inseridos, pedem-nos que aceitemos como regras a ignorância, a estupidez, a violência simbólica e física, do mesmo modo que a comunicação violenta.

É preciso pensar como seguir na resistência e avançar. É preciso descobrir caminhos para evitar a destruição do planeta e da humanidade pelo capital

---

[7] Valencia Triana Sayak. "Capitalismo Gore y necropolítica en México contemporáneo", *Relaciones Internacionales*, n. 19, fevereiro de 2012. GERI – UAM.
[8] Octavio Ianni, "Neoliberalismo e nazifascismo", *Crítica Marxista*, São Paulo, Xamã, v. 1, n. 7, 1998, pp. 112-120.

em sua fase de exacerbação neoliberal. Dizemos o óbvio: a comunidade humana depende do planeta Terra enquanto abusa dele, e isso também faz parte do regime de terror neoliberal. A atitude humana para com a espécie, o planeta Terra e os habitantes das mais diversas espécies é de barbárie. Isso se deve ao desejo de poder, à dominação, ao capital, ao egoísmo; não importa que nome se queira dar ao sistema que nos devora e que precisamos conter.

Sem dúvida, precisamos superar o delírio de destruição no qual estamos lançados. Trata-se de um delírio organizado que exige de nós diagnósticos e prognósticos. Precisamos de compreensão e ação. Os meios de comunicação em geral, as redes sociais e a vida digital são dispositivos hábeis em produzir esvaziamento subjetivo e, assim, contribuir para a transformação do cidadão comum em fascista em potencial, mas eles são apenas meios que não vão desaparecer e podem ser usados de outras formas. A esse estado de coisas devemos contrapor filosofia, pesquisa em todos os campos, ciência e arte, educação e emancipação, reflexão e diálogo. Esses são os aspectos de uma hegemonia que devemos buscar contra a ignorância e a violência funcional do neoliberalismo, neste momento em que seu próprio desespero e alucinação o tornam ainda mais furioso.

No cenário mundial, cabe perguntar pelo potencial de uma cultura do diálogo, que não se reduza ao simples consenso político com o capitalismo. Precisamos encontrar caminhos para a construção de uma democracia radical em termos de cultura cotidiana e de política institucional. O tempo é de alerta e de puxar o freio de mão da história mais uma vez. O tempo é de produção de diálogo como guerrilha metodológica.

A tarefa ética que nos cabe neste momento crucial de nossa história é a de fazer avançar a teoria e a prática de uma revolução ética e política, estética e democrática, que preserve todas as vidas e a vida de cada ser em harmonia com a natureza, contra o poder transformado em violência.

9. Fascismo como jogo de linguagem

Busquei apresentar aspectos para uma reflexão sobre as condições objetivas e subjetivas, linguísticas e retóricas nas quais o fascismo se desenvolve. Uma das teses fundamentais deste livro é que o fascismo é um jogo de linguagem depois do "empobrecimento" da experiência como um todo devido justamente ao empobrecimento da linguagem, relacionado à perda da capacidade de contar histórias e assim elaborar o que foi vivido tal como vemos na obra de Walter Benjamin.[1] A riqueza da linguagem está no exercício do diálogo como encontro de subjetividades que desejam o diálogo, não a conversa fiada, não o bate-papo puro e simples, muito menos a disputa e a persuasão, mas o enfrentamento da diferença e a busca pelo conhecimento que se gera no momento daquele encontro. O fascismo, ao contrário, é o efeito concreto de uma realidade emocional manipulada para obedecer a uma regra, a uma norma discursiva que é o discurso de ódio. O que acontece quando o ódio se torna a regra de um jogo? Como jogo, ele se aproveita da falta, da precariedade da linguagem que nos resta, a própria miséria do espírito que, ao se fazer radical, se veste de ódio com pompa e prepotência.

Para ser fascista, não basta sentir ou pensar como um, é preciso praticar um ato de fala fascista e agir de um modo geral como um. Esse "ser" não se refere a uma essência ou natureza humana, mas ao modo de ser, ou seja, ao caráter performativo[2] do fascismo, algo que precisa ser mais bem

---

[1] O conceito de "empobrecimento da experiência" de Walter Benjamin aparece em dois de seus textos presentes em "O narrador", in *Magia e técnica, arte e política*, São Paulo, Brasiliense, 2012. (Obras Escolhidas).

[2] Uso o termo "performativo" no mesmo sentido do filósofo britânico J. L. Austin, que definiu os atos performativos como atos que produzem efeitos concretos, que não são apenas comunicação, mas ação efetiva. J. L. Austin, *How to Do Things with Words* [Como fazer coisas com palavras], M. Sbisà e J. O. Urmson (orgs.), Oxford, Oxford University Press, 1975.

conhecido. A performatividade fascista implica que toda pessoa que fala e/ou age como um fascista provoca efeitos concretos na vida dos outros, seja como uma violência simbólica, seja como violência física. Há uma questão, e ela se refere ao modo como os fascistas individuais ou coletivos afetam seus círculos e a sociedade como um todo. A presença de um fascista em potencial desestabiliza famílias, círculos de amizades, círculos profissionais. Do mesmo modo, em escala macrossocial, os fascistas, quando tomam o poder, desestabilizam uma sociedade inteira e podem, de fato, promover sua aniquilação.

No estudo sobre a personalidade autoritária, Adorno falava de um fascista em potencial, aquele que estava sempre em estado de prontidão, ou seja, alguém pronto para sair da esfera do desejo ou do pensamento e passar ao ato. A personalidade autoritária ou fascista passa ao ato discursivo, ao ato de fala, com muita facilidade, já que sua forma de se comportar é projetiva. Considerar que aquilo que se tem em mente é verdade e deve se tornar real é um apanágio do padrão paranoico de seu comportamento. Desde fazer justiça com as próprias mãos na primeira oportunidade, seja corrompendo-se, seja aviltando, humilhando ou assassinando, até viver em constante pregação de suas ideias preconceituosas e destrutivas, o fascista vive como um canal de transmissão da ventriloquacidade geral do sistema.

Por isso, o personagem individual do fascismo está em estado de prontidão, mas também em estado de propaganda em relação à sua ideologia. O ato de fala fascista produz efeitos simbólicos e concretos que atingem o desejo do outro, como deve acontecer com a propaganda. Um bom colaborador de sua ideologia é aquele que trabalha para a sua propaganda sem cessar. Não há relaxamento de seu dever para com a ideologia e, menos ainda, na era digital, que absorve em um ritual incessante o tempo e a liberdade de pensar das pessoas em eterna ação digital-linguística nas redes sociais. Assim, um sujeito fascista qualquer se sente realizado nesses ambientes nos quais pode se dedicar ao seu exibicionismo, à sua estética da violência-ostentação. O

Judith Butler, *Gender Trouble: Feminism and the Subversion of Identity*, Nova York: Routledge, 1990. [Ed. bras.: *Problemas de gênero: feminismo e subversão da identidade*, Rio de Janeiro, Civilização Brasileira, 2020.]

estado de propaganda se realiza muito bem nas redes sociais atuais e colabora com a razão publicitária que o criou.

Infelizmente há em todas as famílias pessoas que têm seu ódio bem guardado, mas que, ao perceber condições de exposição favoráveis, ou seja, no momento em que o discurso de ódio se torna a tendência socialmente dominante, é capaz de se manifestar, apoiar e é capaz de chegar ao transe fascista. O que estou a chamar de "transe fascista" é algo presente em manifestações de rua ou virtuais em nome de líderes autoritários que envolvem o mesmo êxtase que há nos linchamentos reais ou virtuais que vemos nas redes sociais hoje. O êxtase fascista não é vivido sozinho. Trata-se do mesmo êxtase que alimentava o ódio nos campos de concentração do nazismo, nas ações dos torturadores em Guantánamo, na guerra do governo turco contra os curdos ou na polícia do Rio de Janeiro matando jovens e crianças negros. É o êxtase que surge na destruição e na matança que também devemos ter em vista para compreender o fascismo.

10. Fascismo como tecnologia política: o inacreditável exemplo brasileiro dentre tantos outros

Apesar daqueles que se dedicaram a odiar *Como conversar com um fascista* e a sua autora, houve também aqueles que, tendo lido o livro lançado em 2015, perceberam seu caráter profético. O perigo bolsonarista já estava anunciado para muito além da triste figura individual do homem que veio a se tornar presidente em 2018. A opinião de que Jair Bolsonaro era um sujeito totalmente desqualificado para o cargo que ocupava como deputado havia quase trinta anos, sem jamais ter feito nada pelo povo, era uma opinião bem comum. Uma parte imensa da população votou nele sem saber quem ele era, efeito de uma cultura na qual a política morreu dando lugar à publicidade. É provável que essa mesma população tivesse votado em qualquer um que estivesse ocupando o seu papel, como muitos fizeram com Donald Trump nos Estados Unidos. Verdade também é que a tecnologia estético-política do fascismo, o que chamei de "ridículo político", elegeu as figuras mais bizarras, transformando o país em um verdadeiro *freak show* da política zumbi, o que já havia sido iniciado com o governo de Michel Temer.

Quem conhecia o deputado brasileiro e seus filhos, todos a ocupar cargos políticos, provavelmente ouviu falar de um suposto envolvimento com milícias e crime organizado. Quando o nome da família Bolsonaro apareceu nas investigações do assassinato da vereadora do Rio de Janeiro Marielle Franco, acontecido em 2018, não chegou a causar espanto em muita gente. E, para os melhores especialistas, era simplesmente inimaginável ver alguém como Bolsonaro na condição de presidente da República Federativa do Brasil. Mesmo aqueles que sabiam do autoritarismo da sociedade brasileira contra todos os mitos da cordialidade vendidos há décadas por teóricos que haviam interpretado o Brasil ao gosto das elites dominantes, mesmo as pessoas mais lúcidas eram incapazes de suspeitar que o discurso de ódio pudesse avançar tanto e que Bolsonaro – e sua equipe especializada – pudesse conduzir as massas da maneira como aconteceu.

Mesmo quem sabia que Bolsonaro usava as mesmas estratégias de Donald Trump e se orientava com o mesmo Steve Bannon – figura que se tornou famosa por seu projeto de publicidade de extrema direita atuando em diversos países do mundo e que atualmente está presa por fraude nos EUA – não conseguia aceitar que sua vitória fosse possível. Mas a propaganda torna tudo possível, sobretudo quando ela devora o sentido da política. A indústria cultural do fascismo torna tudo homogêneo, e no Brasil não foi diferente.[1] Bolsonaro impôs ao Brasil a sensação de um pesadelo, um código distópico por meio do qual acreditamos no pior, para o qual somos conduzidos sem acreditar no que se passa. É verdade que as pessoas não gostam de olhar para o que lhes faz mal e por isso não conseguem ver nem mesmo o papel da propaganda nesse discurso.

O uso de estratégias ilegais de difusão de conteúdo político – como divulgação de material de campanha por WhatsApp, disparado em massa por números de telefone estrangeiros (o que é proibido no Brasil), além de uma verdadeira máquina midiática de produção de fake news contra tudo e contra todos – não deve ser desconsiderado jamais, pois disso depende o avanço do fascismo no Brasil. Mas isso não explica muita coisa sobre a eleição de Bolsonaro, senão que é preciso definir limites e aplicar vigilância cuidadosa contra a corrupção nas campanhas, inclusive nas campanhas que se dizem anticorrupção, já que corrupção se tornou um significante vazio, ou um tropo retórico até mesmo de pessoas corruptas. Do mesmo modo, da compreensão das condições psicossociais e psicopolíticas das populações que permitem que esses grupos de manipuladores de massas cheguem ao poder, também depende a superação do fascismo.

---

1 Theodor Adorno, *Die Freudsche Theorie und die Struktur der faschistischen Propaganda*. *Gesammelte Schriften*, v. 8, t. I [Soziologische Schriften]: Surhkamp Verlag, 1975, pp. 408-433. [Ed. bras.: "A teoria freudiana e o padrão de propaganda fascista", in *Margem Esquerda: Ensaios Marxistas*, 7, pp. 164-189.]

Em 2018, as fake news eram espalhadas pelos exércitos digitais de grupos tais como os fascistas do MBL (movimento de tipos fascistas que eu já citava em *Como conversar com um fascista*) que, segundo consta na imprensa, seriam patrocinados por empresários do Brasil e de outros países. Elas eram espalhadas por hordas de robôs digitais, mas havia também muita adesão espontânea de pessoas que eram capturadas como peixes tontos na rede da internet. A adesão espontânea e a reverberação da ideologia fascista são espantosas e também precisam ser compreendidas. Ações relacionadas à terapia e psicanálise para jovens e adultos devem ser promovidas por grupos e governos que não desejem o avanço do fascismo, do mesmo modo, uma educação que se preocupe em não repetir o fascismo, como já afirmava Adorno,[2] é urgente.

Devemos nos questionar sobre o que sustenta esse atual estado de coisas, tendo em vista que há algo de absurdo no fato de que o fascismo se tornou uma espécie de dispositivo de poder que levou Bolsonaro ao governo e de que estamos mergulhados em um pesadelo, com o fim da democracia no Brasil e em vários países do mundo. Atualmente, a capacidade de pensar e de refletir criticamente está profundamente abalada. O pensamento crítico sempre foi o maior inimigo do fascismo e vem sendo por ele derrotado com a ajuda da indústria cultural, pela qual se extirpa das pessoas a faculdade de reflexão e de análise, bem como da imaginação. O pensamento crítico e reflexivo vem sendo combatido por aqueles que comandam o processo político em curso junto de ideólogos que se dizem filósofos e que, assim, aproveitam para conspurcar a própria filosofia. É preciso que o povo não tenha consciência e continue acreditando no capitalismo e nos líderes que, diariamente, destroem a sociedade.

Ora, a extrema direita avança pelo mundo afora, em lugares como Estados Unidos, Inglaterra, Espanha, França, Rússia, Turquia, Hungria, Índia, Filipinas, entre outros países. Nesses lugares, políticos populistas manipulam as massas das mais diversas formas, mas principalmente criando

---

2 Theodor Adorno, "Education After Auschwitz", in *Critical Models: Interventions and Catchwords*, Nova York, Columbia University Press, 2005. [Ed. bras.: "Educação após Auschwitz", in *Educação e emancipação*, São Paulo, Paz e Terra, 2020.]

e administrando seus medos. A extrema direita é radical, ela é ideologia e prática da dominação de classe. Ela cresce e se manifesta a cada vez que o capitalismo se encontra sob ameaça. Do mesmo modo que o racismo e o machismo avançam quando grupos, como negros e mulheres, tornam-se mais potentes socialmente, ameaçando machos brancos, a extrema direita grita a cada vez que perspectivas de esquerda ou sociais e políticas democráticas se potencializam.

É evidente que é importante entender *como* Bolsonaro chegou ao poder, assim como Trump, assim como antes deles Viktor Orbán, Recep Erdoğan, Narendra Modi, Vladimir Putin, Rodrigo Duterte e tantos outros personagens recentes que encantam as massas com seu discurso nacionalista, bruto, rude, agressivo, cheio de violência, xenofobia, racismo, misoginia e homofobia, usando tecnologias digitais e metodologias de lavagem cerebral. Ou sendo apenas politicamente incorretos, como populistas ávidos por poder, como o primeiro-ministro da Inglaterra, Boris Johnson, também chamado de "Trump inglês". É evidente que devemos entender as estratégias ilícitas das campanhas ininterruptas promovidas por esses personagens que são hoje figuras populistas, ou até mesmo tirânicas, no poder em seu país. Esses políticos populistas tirânicos-fascistoides governam pelas redes sociais, por atos políticos digitais, como se governar fosse fazer mera campanha eleitoral. Populismo significa produção de inimizade política, mas também mistificação e adulação das massas, que se tornam autoritárias ao seguir o líder com o qual se identificam cegamente, a partir de vínculos produzidos pelas mídias e pela propaganda no domínio do psicopoder administrado.

Ora, tais líderes ocupam seu tempo comandando as massas sem nenhuma ação que seja para melhorar a vida dessas massas. Tais líderes se mantêm no poder pelo uso hipnótico de uma retórica discursiva e visual que promove o medo e o desnorteio, enquanto, ao mesmo tempo, eles dizem que tudo está cada vez melhor e que o "inimigo" ("comunistas", socialistas, LGBTQI+ e feministas) está sendo combatido.

Estamos falamos de algo mais. Refiro-me aos efeitos desse tipo de projeto. Há, de fato, um projeto de destruição do diferente que, programado ou não pelo ultraneoliberalismo, destrói democracias pelo mundo afora, sem que os grupos democráticos tenham muita força para resistir à onda. Ela é promovida pela artilharia fascista neoliberal. De fato, o Brasil está sendo usado, neste momento, e mais uma vez, como um laboratório do neoliberalismo, como vem acontecendo com a América Latina desde o Consenso de Washington.³ Considerando que o fascismo é a metodologia política que acompanha aquela metodologia econômica, compreende-se porque ela avança sem nenhum limite no Brasil. A América Latina foi a primeira a rechaçar o neoliberalismo⁴ e, por isso mesmo, talvez seja ainda mais atacada por ele. O fascismo chega hoje como uma tecnologia ou metodologia política que serve para fazer funcionar o neoliberalismo no local onde ele foi primeiramente aplicado e que, por rechaçá-lo, parece ser ainda mais atacado.

Nesse contexto, Bolsonaro é uma metáfora viva. A metáfora do autoritarismo que cresce recolocando em cena a figura de Hitler. A diferença é que Hitler era um prepotente com veleidades artísticas e intelectuais e queria superar os gênios de seu país. Para isso ele precisava usar certas máscaras, pois a vergonha era um valor que não havia sido tão abalado naquela época. Bolsonaro é o personagem de uma época em que o valor da vergonha se perdeu. Da mesma forma que Trump, Erdoğan, Modi, Putin, Bolsonaro cresce e aparece justamente porque não tem vergonha do que diz. A falta de vergonha é estratégica. O ridículo de várias das cenas envolvendo esses personagens soa para seus seguidores como heroísmo. E é essa monstruosidade dos tiranos de nossa época, confundida de modo perturbador com heroísmo, que tem se tornado alguma coisa de pop em um processo de profunda mutação política.

O absurdo da situação tem provocado uma sensação de desespero em muita gente. E é o caráter desesperador que há no fim de uma democracia que precisamos enfrentar com nossa reflexão crítica. Se não encararmos o fascismo, continuaremos sendo sua vítima, sem nenhuma chance de derrotá-lo na atualidade. Os fascistas têm conhecimentos de técnicas de psicopoder

---

3 Ver Luiz Alberto Moniz Bandeira. "As políticas neoliberais e a crise na América do Sul", *Revista brasileira de Política Internacional*, Brasília, v. 45, n. 2, pp. 135-146, dezembro, 2002. Stéphane Boisard, Mariana Heredia, "Regards croisés sur les dictatures argentine et chilienne des années 1970" [Opiniões cruzadas sobre as ditaduras argentina e chilena na década de 1970], Vingtième Siècle, *Revue d'Histoire*, n. 105, pp. 109-125, 2010.
4 Marta Harnecker, *Un mundo a construir. Nuevos caminhos,* El viejo topo, 2013. [Ed. bras.: *Um mundo a construir*, São Paulo, Expressão Popular, 2018.]

e as usam para construir sua hegemonia. Nossa luta por democracia precisa ser eficiente contra essas táticas, mas também contra esse discurso e, neste momento, é a paciência do conceito, o trabalho do pensamento no esforço de compreender o fenômeno, de que falava Hegel, que devemos evocar. Temos que voltar à democracia, e isso significa voltar à verdade; em outras palavras, devemos dar um passo atrás, ao tempo anterior à pós-democracia[5] e à pós-verdade, sabendo que um retorno ao passado só acontecerá como busca por mais lucidez para o presente.

O que eu digo agora pode parecer pouco importante se olharmos para o Brasil como um mero país colonizado, que apaga a história de sua dominação tanto quanto da vida humilhada de seu povo. O destino do Brasil, bem como de todos os países da periferia do capitalismo, da América Latina à Ásia, passando pela África, foi o de ser colônia europeia e, mais recentemente, estadunidense. Ultrapassar esse estágio implica compreender o sentido da luta anticolonial que hoje se confunde com a luta antifascista, uma vez que fascistas são colonizadores internos, velhos usuários de violências que visam a aniquilar o outro.[6]

---

[5] Ver Rubens R R Casara, *Estado pós-democrático: neo-obscurantismo e gestão dos indesejáveis*, Rio de Janeiro, Civilização Brasileira, 2017.
[6] A propósito, ver meu livro *Complexo de vira-lata* (Civilização Brasileira, 2021), no qual desenvolvo a ideia de um complexo de Colombo pelo qual podemos entender a atitude dos colonizadores internos em ação na América Latina.

11. Fascismo tropical: sobre Bolsonaro e Trump, Brasil e Estados Unidos

O avanço do fascismo contemporâneo deixou de ser novidade. O paraíso tropical que era o Brasil no imaginário mundial deu lugar a um país sob um regime autoritário informal, que o vem destruindo. Alguns falam em "fascismo tropical", expressão que outros consideram questionável, tendo em vista que o fascismo avança no mundo inteiro e não apenas nos "trópicos". O fascismo se modifica no espaço-tempo e, embora não se possa negar sua origem europeia, há também a influência em nosso país de uma certa ideia de "supremacia branca", que influenciou o discurso de Donald Trump nos Estados Unidos e que estaria ausente no mundo tropical.

A expressão "fascismo tropical" é digna de discussão. Há algo de específico em toda aparição do fascismo, e talvez ainda mais considerando seu surgimento no contexto do imaginário sobre os trópicos. Esse imaginário produz uma espécie de falácia do contraste climático, pela qual se associam a frieza e a racionalidade ao caráter europeu, em oposição ao calor climático como uma característica própria ao modo de ser dos seres oriundos dos trópicos. Trata-se evidentemente de uma fantasia.

Para além das falácias do imaginário geoclimático, é fato que o fascismo nunca é o mesmo. Ele não é igual no tempo e no espaço nos quais surge. Pois mesmo que sua motivação seja a mesma nos diversos tempos históricos – a saber, servir ao capitalismo massacrando os indesejáveis predefinidos como inimigos pelos donos do poder econômico e político –, há as condições diversas dadas na história, as quais definem o fenômeno do fascismo.

De fato, o Brasil não é um país apenas "tropical" de um ponto de vista geográfico, e muito menos "tropical" quando se trata de direitos humanos cada vez mais desrespeitados no cenário do autoritarismo vigente. Inclusive hoje, com o fim imediato de direitos fundamentais, como os trabalhistas, e com a venda de empresas estatais para empresários estrangeiros, a população brasileira deve empobrecer cada vez mais, radicalmente.

Do mesmo modo, se por "tropical" se pretende dizer "amoroso" e "caloroso", "sensual" e "festivo", os donos do poder nunca foram "tropicais" com o povo. O Brasil foi o paraíso dos racistas em seu delírio; o genocídio indígena e dos povos africanos escravizados é um fato histórico e uma herança maldita, que ainda não foi elaborada, e muito menos reparada. Isso quer dizer que, dependendo da visão que se tem dos "trópicos", eles podem ser sinônimo de muito sofrimento, dor e exploração.

O que se chama de "fascismo tropical" é uma metáfora que surge naquilo que, no imaginário colonial, é "terra de ninguém". Como se os povos tradicionais que vivem no Brasil desde antes da invasão europeia não fossem sujeitos de direitos sobre a terra e o território. Há esse apagamento histórico quanto ao passado e ao presente, sob o imaginário, facilmente transformado em ideologia, de um paraíso tropical.

Por outro lado, olhando dialeticamente, há algo de verdadeiro na expressão "fascismo tropical", pois ela remete a algo que faz parte do imaginário sobre os trópicos e que, de fato, se realiza como indústria cultural, a saber, a ideia de "férias" relaxantes. Os soldados do neoliberalismo, os "colonizadores internos"[1] do Brasil, vivem em cenas de relaxamento, em praias, piscinas e churrascos, sem camisa e bebendo cerveja, andando de jet-ski, como fazem Bolsonaro e seus filhos. Bolsonaro aparece de chinelos e camiseta mesmo em situações de trabalho. Mesmo em contextos trágicos como o da pandemia, ele ocupou as redes sociais criando situações públicas contraindicadas por

---

1 Albert Memmi, *Portrait du colonisé precedé de portrait du colonisateur*, Paris, Gallimard, 1957. [Ed. bras.: *Retrato do colonizado precedido do retrato do colonizador*, Rio de Janeiro, Civilização Brasileira, 2007.] O mesmo conceito é encontrado na obra da filósofa indígena boliviana Silvia Cusicanqui. Ver Silvia Rivera Cusicanqui, *Ch'ixinakax utxiwa: una reflexión sobre prácticas y discursos descolonizadores* [Ch'ixinakax utxiwa: uma reflexão sobre práticas e discursos descolonizadores], Buenos Aires, Tinta Limón, 2010.

disseminar o Coronavírus, como formar aglomerações. O jogo de poder é hoje em dia um jogo do "aparecer", e não é difícil entender a metodologia política dos populistas que, enquanto criam inimigos, se erigem a heróis.

Trump é o paradigma internacional a ser imitado na perspectiva bolsonarista. Como colonizador interno, Bolsonaro segue o colonizador externo em uma curiosa relação sadomasoquista. O padrão sadomasoquista é típico das personalidades autoritárias fascistas. Como exemplos desse comportamento, vemos a subserviência de Bolsonaro a Trump. Embora ele tenha feito sinal de continência para a bandeira estadunidense e liberado a entrada de cidadãos daquele país no Brasil, sem contrapartida diplomática (os brasileiros continuam precisando de visto para chegar aos EUA), seu objetivo é adular seu ídolo. Trump não dá nenhuma atenção a Bolsonaro, explicitando a posição humilhada do tirano brasileiro,

Ainda sobre os exemplos do ridículo relacionados à estética da capitalização política de Bolsonaro na sua imitação de Trump, na qual está à mostra o padrão "colonizado" das relações entre esses líderes e seus seguidores, podemos citar o filho de Bolsonaro que, ao tentar ser embaixador do Brasil nos Estados Unidos, apresentou como credencial para o cargo ter aprendido a fritar hambúrguer no McDonald's quando estudou inglês nos Estados Unidos. Por mais que possa parecer ingenuidade se expor dessa maneira e cair no ridículo, de fato esse tipo de discurso faz um efeito sobre as massas, que se sentem contempladas. A adulação das massas é uma estratégia dos populistas que sabem manipular um mecanismo de identificação. E os fascistas obtêm sucesso no teatro do populismo, porque podem elogiar nas massas o que há de moralmente pior – os preconceitos, a ignorância, a violência –, sem crítica e sem culpa alguma. No ato de falar de fritar hambúrguer como estudante, permanece o clima de "férias" estudantis acrescido de valores como trabalho, humildade e desejo de vencer na vida. Como teatro, é perfeito na produção de uma catarse geral nas massas.

Há na banda tropical do fascismo um cinismo irrestrito e funcional que consiste em falar atrocidades como se fossem obviedades, em negar qualquer tipo de erro, em se orgulhar dos erros, em jamais assumir a culpa. Em se manter firme. O cinismo representa o momento mais avançado do riso com o qual tudo se inicia. Todos os tiranos fascistas que estão no poder hoje conseguem fazer parecer que o cinismo seja um sinal de autenticidade.

Tanto em Trump, quanto em Bolsonaro, o fascismo se constrói também por meio da produção catártica do riso. Os filósofos do riso, de Aristóteles a Henri Bergson, mencionaram o caráter catártico do riso, o seu potencial de sublimação, mas também de humilhação em relação à dor e ao sofrimento. Ora, foi rindo que o povo elegeu Bolsonaro e Trump. No começo eles eram como *clowns*. Hoje em dia é como se a catarse tivesse mudado o seu sentido; ela não mais tem o significado de liberar do sofrimento. É o ódio que deseja ser liberado para existir, e não o amor, porque já não existe amor, ele deixou de ser produzido. Por trás disso, está a história do ressentimento, de tudo o que não foi elaborado, de uma educação para a frieza.

De fato, por mais que possamos encontrar motivos para criticar a expressão "fascismo tropical", ela não é de todo absurda. Na linha do fascismo tropical podemos nos lembrar de *Apocalypse now*, de Francis Ford Coppola, no qual há uma cena em que acontece um bombardeio sobre uma vila de camponeses ao som da "Cavalgada das Valquírias", de Richard Wagner. A menção ao nazismo é direta. Wilson Witzel, governador do Rio de Janeiro, implementou o uso dos "caveirões aéreos", helicópteros usados como base de tiro contra pessoas que moram em favelas do Rio de Janeiro, matando inclusive crianças. Isso se tornou comum a partir de 2019, e mesmo que não haja como saber se alguma música foi ouvida pelos policiais que atiravam do alto dos helicópteros, a semelhança com a cena é aterradora, pois liga, no imaginário, o "calor" à "pobreza" e os coloca ambos sob a mira da matança e do terror. Infelizmente, não é demais dizer, a realidade se tornou inacreditável para as pessoas que vivem nas favelas e sucumbem à carnificina racista.

12. Machismo e neonazifascismo: performance da brutalidade e do grotesco na política brasileira contemporânea

Aquilo que está sendo vivido no Brasil, neste pavoroso momento de sua história, pode alastrar-se pelo globo terrestre. Somente a solidariedade elevada a princípio das práticas éticas e políticas, inclusive e fundamentalmente em nível de política internacional, pode nos salvar da catástrofe em curso.

No Brasil, a destruição da cultura e da natureza não cessa de se aprofundar diariamente. O assassinato de crianças e jovens negros, pela polícia, nas favelas, constitui um genocídio que segue o histórico genocídio escravagista e o genocídio indígena. O feminicídio atual junta-se a esse projeto de matança daqueles que foram marcados como subcidadãos indesejáveis em geral.

Fome, pobreza, desigualdade social, econômica e educacional, destruição dos direitos trabalhistas e sucateamento das instituições juntam-se à falta de saneamento básico e, neste momento de pandemia, o ataque ao SUS (Sistema Único de Saúde) que vem acontecendo desde o Golpe de 2016 torna a situação do país ainda mais trágica. Jair Bolsonaro e seus ministros[1] têm feito um discurso aterrador, de abandono e descaso, e lançado à morte

---

[1] Cada um dos ministros do governo Bolsonaro carrega infâmias em seu currículo. O então ministro da Justiça e Segurança Pública, Sérgio Moro, juiz da persecução penal da Lava Jato, responsável pela prisão do ex-presidente Lula da Silva, é suspeito de crimes de abuso de autoridade, improbidade administrativa, prevaricação e formação de quadrilha; o ex-ministro da Educação Abraham Weintraub teve um processo de impeachment protocolado por improbidade administrativa e quebra de decoro, por passar seu tempo desqualificando

por abandono a população em geral, mas, principalmente, a população pobre, também marcada por preconceito de raça.

O golpe de 2016 já era um projeto neoliberal no qual a luta de classes dos ricos contra os pobres tornou evidente a ação de capitalistas nacionais e internacionais, em espúrios elos que se mantêm coloniais. O país afunda no pavor, e a luta antifascista que começa a crescer precisa se organizar como luta feminista, antirracista e antineoliberal.

Diante desse cenário, o pessimismo é inevitável. Porém, a ética da luta exige que procuremos saídas. Acredito que o movimento feminista pode produzir ações dialógicas e soluções para a sobrevivência física e a recuperação da democracia nas instituições. Creio também que a junção entre ecofeminismo e interseccionalidade pode nos ajudar a evoluir em nossa metodologia de luta, mudando o metabolismo social.

A situação do Brasil é gravíssima e de difícil superação. Particularmente, venho alertando para o perigo do bolsonarismo desde *Como conversar com um fascista*. Naquele livro, eu já colocava aspectos da cultura patriarcal como íntimos do fascismo que se desenvolvia no Brasil: o que chamei de "lógica do estupro", uma estrutura do pensamento machista no qual as mulheres são tratadas como animais de abate, e a "cultura do assédio", pela qual uma mulher é sempre tratada como culpada, mesmo quando é uma vítima, eram temas que mereciam maior atenção. Bolsonaro era um personagem que já operava por meio desse tipo de performance. Quando ninguém acreditava que ele poderia se tornar presidente, eu afirmava exatamente isto: Bolsonaro se tornará presidente. Porém, como Cassandra[2], não fui devidamente escutada.

---

estudantes e universidades públicas; a ministra de Estado da Mulher, da Família e dos Direitos Humanos, Damares Alves, passa seu tempo a fazer mistificação religiosa e sexual atacando os estudos de gênero – ela se tornou famosa ao dizer que viu Jesus em uma goiabeira. Já o ministro das Relações Exteriores, Ernesto Araújo, defende que não houve ditadura militar no Brasil, e busca firmar acordo militar com os Estados Unidos; o ministro do Meio Ambiente, Ricardo Salles, condenado por improbidade administrativa quando era secretário estadual do Meio Ambiente de São Paulo, defende que não há queimadas na floresta Amazônica e ainda deu um espetáculo em uma reunião ministerial, defendendo a utilização da pandemia como cortina de fumaça para o afrouxamento de leis de proteção à Amazônia.

Com esse comentário, quero menos dizer "eu avisei" e mais alertar para o fato de que é preciso ouvir as feministas. Porém, não podemos exigir do patriarcado o que ele não tem para nos dar. O patriarcado é uma política de silenciamento à qual o feminismo se contrapõe como política da escuta. O feminismo deve superar o patriarcado e o machismo que têm nos levado apenas à violência, à destruição e à morte.

Contra a exacerbação do dispositivo de poder capitalista-racista-machista que domina o Brasil, a América Latina e o mundo, devemos contrapor o feminismo como democracia radical. Isso implica uma repolitização do mundo, que passa pela presença e pela ação política daqueles que o patriarcado condenou à subcidadania.

---

2 Cassandra era uma personagem da mitologia grega cuja característica é ser uma vidente em cujas profecias ninguém acredita. "Complexo de Cassandra" é uma expressão usada para definir um estado mental pelo qual alguém com opiniões acuradas não é escutado.

13. Psicopoder e performatividade: machismo como tecnologia política

Segundo Eric Fassin, o Brasil é um "laboratório interseccional do neoliberalismo".[1] A guerra contra raça, gênero, classe é uma guerra contra a democracia que passa pela ameaça às minorias políticas e a todos aqueles que são marcados como inimigos do regime ditatorial que se implanta no Brasil, disfarçado de democracia, desde as eleições de 2018. Esse "laboratório interseccional" é um campo de experiências do neoliberalismo como ideologia econômica e política que não subsiste isoladamente. Ou seja, essa ideologia deve atuar nas esferas micrológicas da vida, engajando de maneira perversa os mais diversos cidadãos.

Contudo, há populações inteiras levadas a seguir a ideologia autoritária por meio de processos de psicopoder que envolvem não só os meios de comunicação tradicionais e redes sociais, mas também as Igrejas do mercado, que disseminam ideias preconceituosas e discurso de ódio. Trata-se de um sistema de ódio administrado de maneira profissional e coordenado com o apoio de grandes corporações capitalistas. Se, em Foucault, o biopoder é o cálculo que o poder faz sobre a vida e tanatopoder, o cálculo sobre a morte; Achille Mbembe chamou de necropoder esse poder que trabalha para a morte, a partir de um projeto de morte. Os tiranos que destroem as democracias pelo mundo se encaixam nesses conceitos, e todos eles estão envolvidos com tecnologias pelas quais o poder calcula o que as pessoas pensam e sentem, ou seja, com as técnicas de psicopoder sobre as quais

---

[1] <www.aoc.media/opinion/2019/10/04/bresil-le-laboratoire-intersectionnel-du-neoliberalisme/>

viemos falando. O ódio tem sido um grande capital movido pela cultura patriarcal, que sempre usou a misoginia como aspecto do psicopoder em todos os tempos. Não é diferente agora; o ódio interno à misoginia se expande e assume outras formas.

No Brasil e na América Latina, pastores neopentecostais das Igrejas do mercado enriquecem com técnicas de psicopoder, aproveitando-se das fragilidades emocionais e materiais da população mais pobre. Ódio às outras religiões anda *pari passu* com o ódio às mulheres e às feministas, ao sexo e ao gênero. Hoje a política brasileira está de tal modo ligada à religião que se tornou comum haver pastores eleitos para o Congresso Nacional. O batismo de Bolsonaro[2] por um desses pastores foi um espetáculo ritual que demarcou seu projeto conjunto com a igreja neopentecostal.

Na linha religiosa, surge um curioso discurso moralista em que o grotesco sexual tem papel-chave. A operação do poder é um ritual em que o "macho" tem a função psicopolítica de garantir a força e a brutalidade, que produzem coesão no grupo fascista. Daí que Bolsonaro e seus iguais apelem à estupidez e aos palavrões e encantem as massas com isso.

De Donald Trump a Narendra Modi, todas as formas de autoritarismo e populismo têm o machismo estabelecido como performance com o objetivo de capitalização política. O machismo é uma cena de poder, uma performatividade que procura estabelecer efeitos de poder. Ela é marcada pela sintomatologia histérica: a exibição, o desprezo pelo outro, o fascínio pela morte e, como afirma Jean-Pierre Winter),[3] a necessidade de calar o outro. Daí o efeito hipnótico, estupefaciente que Bolsonaro e seus iguais alcançam com palavras chocantes e cínicas. Quem as escuta é reduzido a nada.

---

2 <www.youtube.com/watch?v=XmDE6jGtfRU>
3 Jean-Pierre Winter, *Les errants de la chair: études sur l'hystérie masculine*, Paris, Payot, 2001. [Ed. bras.: *Os errantes da carne: estudos sobre a histeria masculina*, Rio de Janeiro, Companhia de Freud, 2001.]

14. Histeria machista

A violência decorativa está em alta na política brasileira e latino-americana. No México, o "capitalismo gore"[1] encena a estética do narcotraficante. No Brasil é a estética do "miliciano", do "macho armado" musculoso e de cabelos bem curtos. Na violência decorativa, as armas são fundamentais. Os filhos de Jair Bolsonaro costumam aparecer em fotos com armas; um deles já foi armado a uma manifestação na avenida Paulista contra o PT, bem antes de seu pai se tornar presidente.[2] Durante a campanha, Bolsonaro e seus seguidores usavam um gesto manual que simulava uma arma e se tornou sua principal marca. Eleito presidente, o primeiro ato de governo de Bolsonaro, como já dito aqui, foi liberar o porte de armas de maneira indiscriminada. Em um momento de muito fervor dessa estética da violência, Sérgio Moro, então ministro da Justiça, foi presenteado com seu retrato feito com cartuchos de balas.[3]

Os atos de condecoração de policiais militares e milicianos também fazem parte dessa estética da violência decorativa utilizada por Bolsonaro e seus filhos. Ficou famoso o caso da condecoração, pelo então deputado estadual Flávio Bolsonaro, de um ex-policial que depois se tornou suspeito do assassinato de Marielle Franco. Esse cidadão condecorado em 2005, quando cumpria pena por homicídio, foi assassinado em 2019.[4] Flávio

---

1 Valencia Triana Sayak, "Capitalismo Gore y necropolítica en México contemporáneo" [Capitalismo *gore* e necropolítica no México contemporâneo], *Relaciones Internacionales*, n. 19, fevereiro de 2012, GERI – UAM.
2 <https://piaui.folha.uol.com.br/materia/o-debutante/>
3 <www.noticias.uol.com.br/politica/ultimas-noticias/2019/12/11/moro-ganha-obra-de-cartuchos-de-bala.html>
4 <www.brasil.elpais.com/brasil/2019-12-20/a-trajetoria-do-chefe-miliciano-que-recebia-parte-da-rachadinha-de-flavio-bolsonaro-segundo-o-mp.html>

Bolsonaro expôs de maneira espetaculosa seu cadáver em sua autópsia nas redes sociais.[5]

Cenas de uma estético-política da brutalidade são decisivas na capitalização de Bolsonaro e de políticos assemelhados. Em seu discurso, eles investem em palavrões e cenas desagradáveis que servem para construí-los como personagens capazes de ira e raiva. A força bruta e o tom repugnante se tornaram elementos fundamentais do seu figurino.

O uso do discurso grotesco, infame e ridículo[6] é uma constante nas redes sociais de Bolsonaro e na de todos os políticos que seguem a mesma linha de capitalização política. Nesse jogo da publicidade da violência, de uma violência decorativa, mas também ostentatória, a extrema direita usa também a sexualidade. No carnaval de 2019, Bolsonaro causou espanto ao postar no Twitter um vídeo de uma cena chamada *golden shower*.[7] O objetivo explícito era o de causar estranhamento e pavor. Foi um excesso calculado para destruir o carnaval brasileiro com um discurso moralista. Bolsonaro teve que apagar o tuíte, pois nesse dia extrapolou os limites do publicamente suportável.

Do mesmo modo, homofobia e misoginia são preconceitos transformados em valores, em um clima populista que é promovido por uma estética do macho agressivo limítrofe. Bolsonaro se tornou uma espécie de herói do grotesco, um Ubu rei, quando, na votação do impeachment de Dilma Rousseff, elogiou o homem que havia torturado a ex-presidenta, falando de maneira histérica sobre o "pavor de Dilma Rousseff".

Não foi diferente o que o governador e um deputado do Rio de Janeiro fizeram durante a campanha de 2018 ao quebrarem uma placa de rua com o nome de Marielle Franco. A ideia é usar a barbárie e a brutalidade de homens apresentados como "machos" como tecnologia política. E essa ideia vem encontrando resultados positivos em termos eleitorais. Evidentemente, derrotar o turbotecnomachonazifascismo em ascensão no Brasil passa pela derrota do machismo ostentatório em todas as frentes possíveis.

---

5 <jornaldebrasilia.com.br/politica-e-poder/video-flavio-bolsonaro-expoe-nas-redes-sociais-a-autopsia-de-capitao-adriano/>
6 Michel Foucault, *Os anormais*, op. cit.
7 Ribamar José Oliveira Júnior, "Capitalismo Gore no Brasil: entre farmacopornografia e necropolítica, o golden shower e a continência de Bolsonaro", *Revista Sociologias Plurais*, v. 5, n. 1, pp. 245-272, julho 2019.

15. A misoginia e a guinada autoritária

A misoginia é o ódio performático importante na construção do personagem político bolsonarista, que foi imitado por muitos na campanha de 2018. Tanto misoginia quando homofobia fornecem o caráter de "macho" aos seus portadores. Desde o golpe misógino contra Dilma Rousseff, a extrema direita deixa claro que para ser político no Brasil é preciso ter a aparência de macho. Bolsonaro não teria o poder que tem se não tivesse se utilizado disso.

No caso de Bolsonaro, seu poder vem de um processo que sofreu uma aceleração no passado recente. De fato, a preparação para o golpe de 2016 começou em 2013, com uma pesada campanha de difamação contra Dilma Rousseff – que foi deposta sem que tivesse cometido qualquer crime de responsabilidade; sequer havia acusação de corrupção contra ela. Até mesmo aqueles que votaram contra Dilma sabiam que ela era inocente. Ficou claro na opinião pública do Brasil que a questão era apenas tirá-la da cena, posto que não fazia parte dos esquemas de corrupção que seguem correndo soltos na política brasileira e seriam cada vez mais aguçados por parte de Jair Bolsonaro e seus filhos, políticos que parecem praticar todo tipo de ilegalidade. Bolsonaro e seus filhos são investigados em processos de corrupção, tais como o confisco ilegal de salários de funcionários de seus gabinetes, lavagem de dinheiro e gastos exorbitantes em cartões de crédito corporativos.

De fato, Dilma Rousseff sofreu um golpe de Estado para o qual teriam contribuído os meios de comunicação corporativos, tais como a Rede Globo, historicamente envolvida também no golpe de 1964, que levou à ditadura militar; o judiciário nacional, com a operação Lava Jato, conduzida de maneira corrupta e a imensa maioria do Congresso Nacional. Mas o componente misógino do golpe foi fatal.

A misoginia cultural brasileira foi mobilizada por uma campanha publicitária de pesada artilharia machista – proveniente das oligarquias machistas representadas por um Congresso Nacional composto em sua maioria por homens de direita ou extrema direita ligados aos proprietários de grandes extensões de terra, às milícias e às igrejas neopentecostais. Dilma não fazia parte dos jogos de poder e dos acordos espúrios desses grupos políticos e acabou sendo destruída politicamente por eles.

A misoginia foi a tônica nas peças publicitárias usadas contra Dilma Rousseff. Associá-la à loucura, como se faz historicamente com as mulheres, foi a estratégia básica nos meios de comunicação hegemônicos. Em um requinte de perversão publicitária, durante o processo do golpe, circulavam carros com adesivos no qual o rosto de Dilma aparecia em um corpo feminino de pernas abertas e, no lugar do púbis, ficava o compartimento no qual se colocava a bomba de gasolina. A bomba de abastecimento fazia a vez de pênis.

Era a apologia do estupro que trafegava pelas ruas naturalizando a estética da violência decorativa. Na mesma linha da violência sexual decorativa, foram criadas várias fake news com artefatos de requintes criativos: o chamado "kit gay", que seria um material didático para transformar crianças em homossexuais, e também uma mamadeira com bico em forma de pênis. Segundo as fake news, esses objetos seriam distribuídos pelo Partido dos Trabalhadores nas escolas. Pode parecer incrível, mas, infelizmente, a população brasileira carente e desescolarizada, e hipnotizada pelo fascismo, acredita nesse tipo de coisa. Não é por acaso que o uso do termo "pedofilia" esteja presente o tempo todo nos discursos governamentais, sobretudo nas falas da ministra dos Direitos humanos e das mulheres, Damares Alves.

É o corpo feminino, o corpo reduzido ao sexo, que é atacado em um processo simbólico publicitariamente administrado. Enquanto isso, com o advento da pandemia de Coronavírus, os índices de violência doméstica e feminicídio aumentam exponencialmente.[1] E o governo não faz nada para contê-los.

---

[1] <www.dw.com/pt-br/o-isolamento-social-como-gatilho-para-a-viol%C3%AAncia-contra-mulheres/a-53208386>

16. O feminismo em ascensão

As mulheres brasileiras criaram um movimento em 2018 chamado #EleNão, que foi responsável por gigantescos atos de repúdio contra a candidatura de Jair Bolsonaro. O #EleNão foi um ato linguístico e político inscrito em uma ética do discurso feminista. Naquela época, não se pronunciava o nome de Bolsonaro; em vez disso, era chamado de "Coiso", termo que se usava para evitar dizer seu nome, ao mesmo tempo que designava o seu caráter aterrador e diabólico. O ato de negação não serviu para impedir a eleição, mas ampliou a consciência feminista no Brasil.

O movimento #EleNão foi contra-atacado por hordas machistas a promover campanhas de difamação antifeministas a partir de imagens falsas ou descontextualizadas de mulheres e de manifestações feministas como locais de violência e nudez. O objetivo era criminalizar e demonizar a condição feminina, o movimento feminista e também o corpo das mulheres. Os ataques fazem parte da guerra contra o feminismo que cresce desde o golpe de 2016, quando todas as feministas que se ergueram para defender Dilma Rousseff foram atacadas das mais diversas formas, com as mais diversas campanhas de ódio. Vale lembrar que muitas mulheres se tornaram feministas a partir daquele momento, inclusive mulheres políticas que antes não se diziam feministas. A própria Dilma Rousseff, diante do apoio em massa de mulheres feministas, mudou seu discurso, em direção à defesa dos direitos das mulheres.

A guerra contra as feministas faz parte das táticas do patriarcado turbotecnomachonazifascista. Atualmente, ela vem se valendo da chamada "ideologia de gênero"[1] em toda a América Latina. No Brasil, todos os

---

[1] Marcia Tiburi, "The Functionality of gender Ideology in the Brazilian Political and Economics Context", in Conor Foley, *In Spite of You: Bolsonaro and the New Brazilian Resistance* [Apesar de você: Bolsonaro e a nova resistência brasileira], Nova York/Londres, Ok Books, 2018. [Ed. bras.: "A funcionalidade da 'ideologia de gênero' no contexto político e econômico brasileiro", *Revista Nueva Sociedad*, julho de 2018.]

membros do governo usam a expressão associada à expressão "Escola sem Partido", movimento pelo qual se tenta também criminalizar a esquerda e a democracia.

As feministas se erguem contra esse estado de coisas criando coletivos de mulheres negras, indígenas, trabalhadoras e estudantes, em todos os espaços do país. Os coletivos implicam processos de reflexão e ação feministas na intenção de criar democracia radical com as pessoas mais próximas, em processos que fazem avançar o reconhecimento entre os grupos. Cada vez mais os movimentos parecem conscientes da necessidade de ampliar a metodologia de ação feminista na direção de ocupar espaços de decisão e poder. Em 2018 vimos crescer, mesmo que minimamente no parlamento brasileiro, o número de mulheres eleitas. Neste momento em que escrevo, todas, todos e todes os que lutam – sobretudo as mulheres – na resistência brasileira buscam salvar as pessoas da fome e da morte, por atos de solidariedade. Essa solidariedade precisa ser ampliada em escala global, antes que o país seja destruído por completo.

17. Imitação e ressentimento

A condição de classe não resolvida implica sofrimento e ressentimento. Não parecer pobre, apagar o fato social e histórico da pobreza são gestos dos quais o fascismo se aproveita. Assim, podemos entender como uma pessoa pobre é capaz de defender o capitalismo ou o neoliberalismo sem perceber que está a defender seu algoz. É melhor identificar-se com o capitalismo e apagar a própria dor do que ser sua vítima. A imitação dos ricos se torna uma estratégia.

A classe média dos países fascistizados imita os ricos do mundo por meio de fantasias pré-fabricadas. O *American way of life* é exemplo de estilo a ser consolidado, pois só ele garante a integração ao capitalismo – o capitalismo como estilo, ou o "realismo capitalista", como vemos na arte de Sigmar Polke,[1] bem como na crítica filosofia de cinema de Mark Fisher.[2] Aquele que está integrado se sente protegido. Esse fenômeno estético relaciona-se a aspectos conscientes e inconscientes. O fato de que todos os fascistas e tiranos se pareçam com Trump, no discurso e na performance grotesca, não é puro acaso no cenário de barbárie estética a que assistimos há tanto tempo. Tudo se torna igual no fascismo, porque ele é um produto da indústria cultural da política no momento de sua autodestruição.

---

[1] Sigmar Polke foi o cocriador do movimento realismo capitalista, surgido em Berlim nos anos 1960. O movimento satirizava o realismo soviético, estilo artístico oficial da ex-União Soviética, e a pop art estadunidense, cujo intuito era a produção massificada da arte para o consumo.
[2] Mark Fisher, *Capitalist Realism: is there no alternative?* [Realismo capitalista: não há alternativa?], Alresford, Zero Books, 2009.

Há um mimetismo social, um comportamento mimético que permite compensar a terrível sensação que se tem de ser quem se é na pobreza ou em condições geopolíticas desfavoráveis. O mesmo vale para questões raciais e de gênero, de sexualidade e de plasticidade corporal. Essa sensação é o ressentimento que se expressa pela emoção do ódio. O medo anda ao seu lado, o medo de se tornar pobre, que caracteriza a classe média emergente, ou, como nos diz Theodor Adorno, o apego aos privilégios, que é fruto de uma consciência de classe subjetiva.[3] Por isso, a classe média precisa tanto da distinção que alcança pela via estética, em um cansativo e penoso exercício de esconder a si mesma.

No golpe de Estado boliviano ocorrido recentemente, a mulher que se autoproclamou presidenta interina, Jeanine Áñez, apareceu com cabelos forçadamente loiros e roupas burguesas, embora houvesse traços ameríndios em seu rosto. Cabelos loiros e lisos fazem parte da semiótica burguesa a ser imitada. A gigantesca Bíblia que Áñez ostentava no momento do golpe é parte da semiótica da religião neoliberal. O neopentecostalismo que invade a América Latina e o Brasil há muito tempo destrói outras formas de cultura religiosa, do mesmo modo que o capitalismo destrói outras formas de cultura econômica e cultura em geral.

A imitação estética dos ricos – que leva as pessoas a usar as roupas de marcas que os ricos usam, andar em carros de luxo como os ricos fazem, comer fora e viajar, segundo o estilo de vida dos ricos, para aparentar poder de compra e assim respeitabilidade social capitalista – transforma-se rapidamente em imitação de seu discurso. Quem não pode comprar, pode, pelo menos, falar imitando a fala dos ricos e neoliberais, como se rico fosse. A indústria cultural atualiza tudo isso para os pobres. Torna acessível qualquer mercadoria que possa contemplar essa imitação sistemática. Nesse contexto, é o discurso de ódio que, nas redes sociais, funciona para muitos como uma espécie de roupa de grife.

O sonho de viajar para Miami serve para imitar estadunidenses ricos na casa de praia com carros de grife nas garagens. O sonho de consumo de

---

3 Theodor Adorno, *Aspekte des neuen Rechtsradikalismus* [Aspectos do novo radicalismo de direita], Berlim, Suhrkamp, 2019.

muitos brasileiros é uma fantasia compensatória. Na impossibilidade de realizar esse sonho, encontram-se substitutivos ao alcance das mãos menos abastadas pelo dinheiro. Há toda uma estética a ser respeitada, há toda uma lei da imagem espetacular para parecer estadunidense, o que significaria ser "burguês" e não pobre, ser branco e não negro, ser heterossexual e não homossexual. E, para completar esse padrão estético, um padrão ético e moral se constitui em nível discursivo. Nas casas de classe média fascista, a matança – pela fome ou pelas armas – dos pobres, pretos, indígenas, líderes populares, mulheres e LGBTQI+ – é vivida como festa em ambientes marcados pela decoração de mau gosto.

Dentre esses grupos em que o mimetismo é regra, muitas pessoas que votaram em Bolsonaro o fizeram apenas porque Trump foi eleito nos Estados Unidos. O poder de influência da cultura popular estadunidense sobre o Brasil é imenso, e podemos dizer que esse poder se amplia para o mundo todo. O mimetismo representa uma compensação, é uma espécie de mecanismo de defesa no contexto de autoestima abalada dos brasileiros. O sentimento de abandono e de rejeição é um dos fatores mais importantes na formação do ressentimento. No Brasil, ele está expresso por meio de uma colonização jamais assumida e sempre disfarçada.

18. O muro de Trump como ritual xenófobo na era do espetáculo

A política tem algo de teatro. Seus protagonistas fundamentais sempre foram reis e rainhas, imperadores ou papas que encenaram rituais espetaculares para produzir efeitos de poder. Todo poder tem sua estética. Hitler não teria avançado na Alemanha se não fosse um especialista em mistificação das massas que sabia usar o cinema e a publicidade para esse fim, aliás, como fazem todos os líderes fascistoides, os candidatos a Hitler de nossa época. A pompa dos rituais serve ao encantamento das massas. Desde a época em que Guy Debord denominou a "sociedade do espetáculo",[1] quando a imagem passou a ser vista também como um capital que vale segundo seu potencial de circulação, nota-se que a mistificação vive um avanço. Na atualidade, mistificar é bem mais fácil que antigamente, quando não existia a televisão e a internet com seu poder de difusão.

Donald Trump, Jair Bolsonaro, Rodrigo Duterte, Vladimir Putin, Narendra Modi, Boris Johnson e outros tantos presidentes e primeiros-ministros do mundo são especialistas em causar efeitos, e um deles é ocupar o noticiário diariamente com falas absurdas. Em Bolsonaro há a retórica do desnorteio típica do paradigma da desinformação na qual a falácia de redução ao absurdo, à escatologia, à abjeção, entra em cena na composição do personagem em sua performance cínica. Tais táticas de governo mantém o foco na campanha política. No fascismo não se governa sem intensa propaganda. Essa campanha não pode parar de modo a dar espaço para que outras ideias

---

[1] Guy Debord, *La Societé du Spetacle*, Paris, Gallimard, 1996. [Ed. bras.: *A sociedade do espetáculo*, Rio de Janeiro, Contraponto, 2007.]

surjam. A política se reduz literalmente à propaganda. É preciso manter a mente dos cidadãos ocupada e as práticas de vida girando em torno do "grande líder". Assim, Trump e assemelhados têm falas que visam a chamar a atenção para si mesmos, confiando sempre na falta de discernimento dos cidadãos e colaborando para que sejam eliminados quaisquer vestígios de pensamento livre, autônomo e crítico.

A xenofobia contra mexicanos é um dos eixos fundamentais da campanha e do governo de Trump, do mesmo modo que são o terrorismo e outros motes contra o estrangeiro, porque se trata de um tema que gera polêmica e emoção imediata em seus eleitores. O ódio é essa emoção imediata.

A construção do muro na fronteira entre os Estados Unidos e o México é um bom exemplo para entender do que se trata a mistificação fascista na era da espetacularização. O muro para separar mexicanos de estadunidenses tem uma função complexa. Ele atualiza o mito fascista da supremacia branca dos Estados Unidos formalizada pelas leis segregacionistas de Jim Crow no século XIX. Segundo a perspectiva turbotecnomachonazifascismo, não basta criar uma lei injusta e perversa a ser cumprida se essa lei não colabora com o processo de espetacularização necessário para a manutenção do poder. É evidente que não se deve dizer que todo poder é fascista, senão aquele que é marcado por um nível de autoritarismo ligado ao extermínio do outro.

A fala de Trump sobre o muro é autoritária, mas ao mesmo tempo faz pensar em algo mais, em algo de alucinado em sua postura. Enquanto pessoas racionais se preocupam com uma imigração segura e alguns propõem abertura total das fronteiras devido a questões econômicas e ecológicas, Trump insiste em construir um muro antieconômico e antiecológico. Muitas pessoas o seguem, ignorando os efeitos danosos da construção. De fato, não parece razoável fechar absolutamente uma fronteira gigantesca entre dois países em pleno século XXI. Sempre esperamos que bons argumentos vençam a força bruta e a estupidez em um cenário democrático. Mas os tiranos de hoje exploram o paradoxo da democracia, a qual destroem e por meio da qual se elegem.

Se o fascismo tem a ver com mito,[2] com a apropriação de dados, fatos ou imagens e narrativas da Antiguidade, ele se relaciona com a encenação

---

2 Jean-Luc Nancy, Philippe Lacoue-Labarthe, *Le Mythe nazi*, Paris, De L'Aube, 2016. [Ed. bras.: *O mito nazista*, São Paulo, Iluminuras, 2002.]

do mito. O inimigo deve ser sacrificado em um ritual visível para todos. O espetáculo é a atualização da antiga tragédia, agora sem ideal de transcendência. Ora, o muro de Trump pode até ter a finalidade prática, autoritária e xenófoba de evitar a presença de muitos imigrantes, mas sua principal função é simbólica, ou seja, tem a mesma função ritual que vemos nas atitudes de Bolsonaro. No caso do muro, "sacrificam-se" os mexicanos, porque a eles não seria permitido ir para os Estados Unidos em busca de trabalho e, assim, de sobrevivência. A imagem do México como um lugar do qual as pessoas queiram fugir e dos Estados Unidos como um lugar desejável de viver é explorada por essa separação. A oposição do "nós" e "eles" é como a oposição "Inferno *versus* Paraíso", e todos os binarismo e dualismos conhecidos do populismo, que precisa de inimigos, tornam-se mais fortes.

A função ritual tem caráter estético. Ela opera na captura da atenção, da sensibilidade e da consciência. Trump resgata ideias ultrapassadas para garantir o ritual. A velha ideologia do American First, o movimento nacionalista americano dos anos 1940, altamente pró-fascista e anti-imigração, foi trazida de volta com toda a sua carga segregacionista. O México representa o "inimigo" concreto nessa encenação. Trump resgatou também o slogan *Make American Great Again*, criado na primeira campanha de Ronald Reagan, em 1980, para encantar as massas movidas por palavras de ordem. Como se trata de uma ideia muito ultrapassada, que atinge apenas indivíduos convencionalistas, o nacionalismo tem vigência mistificatória e logo dá lugar à xenofobia, que é muito mais pragmática. Afinal, ela envolve o elemento racista e o medo da perda de empregos para os mexicanos, considerando que esse é um dos medos concretos da classe média, embora não haja qualquer sentido nele.

O nacionalismo entra em cena como uma ideia antiga que volta à tona.[3] Trata-se de algo sem sentido na época da mundialização capitalista, quando as pessoas estão interessadas em viajar, em superar fronteiras, em aprender mais línguas do que jamais havia sido imaginado. Mas, mesmo assim, esse medo do "outro", na condição de estrangeiro, pode ser mistificado e con-

---

[3] Stanley Jason em seu livro *How Fascism Works: The Politics of US and Then* (Random House, 2018) desenvolve uma interessante análise sobre o tópico do nacionalismo. [Ed. bras.: *Como funciona o fascismo: a política do "nós" e "eles"*, Porto Alegre, L&PM, 2018.]

duzido às classes inferiorizadas e humilhadas econômica e culturalmente. As oligarquias econômicas se aproveitam disso.

Sejam quais forem os exemplos, vemos que a política atual foi reduzida à publicidade. E que a publicidade tem hoje o papel da mistificação, ela é o caminho do sacrifício. Seu sucesso reside justamente na promessa de um retorno a um passado heroico e paradisíaco, por oposição a um presente infernal, no qual os mexicanos são demonizados. "Demonizar" é uma prática retórica, ou seja, é uma prática performativa que visa a produzir efeitos espetaculares, o que faz parte da história do autoritarismo e do fascismo.

O que Hitler fez foi justamente demonizar os judeus, do mesmo modo que a Igreja católica demonizou as bruxas nos séculos XVI e XVII, como nos mostrou Silvia Federici.[4] A propósito, a aliança entre fascismo e machismo é evidente, tanto porque as mulheres devem servir à reprodução da espécie, como na ideologia nazista, quanto pelo fato de que, negando-se a participar, elas devem ser exterminadas. O que vemos no famoso livro *O conto da aia*, de Margaret Atwood,[5] é uma grande representação do que o fascismo pode fazer com mulheres. Hoje, as instituições autoritárias demonizam gênero na mesma perspectiva pela qual é preciso destruir categorias analíticas e campos de estudos que ampliam o espaço democrático. Por meio dessa destruição, os personagens que são agentes da destruição se promovem.

A fórmula fascista é sempre a mesma, ressuscitar algo do passado para estimular um sentimento mítico nos cidadãos e assim recuperar a encenação trágica, agora executada como ilusão. Assim fez Hitler ao inventar a relação de superioridade dos arianos e o uso e ressimbolização da suástica para identificar seu movimento colocando-se, aliás, como símbolo desse movimento.

Seja qual for o preconceito, o ódio exposto no discurso desses líderes e de seus seguidores tem a função de mistificar, de mover as pessoas na direção de afetos manipuláveis e, assim, aprisioná-las mental e ideologicamente. Há uma colonização mental que conta com o solo fértil já preparado pela indústria cultural, a qual visa à padronização do pensamento, da percepção,

---

[4] Silvia Federici, *Calibã e a bruxa: mulheres, corpo e acumulação primitiva*, São Paulo, Editora Elefante, 2017.
[5] Margaret Atwood, *The Handmaid's Tale*, Boston, Houghton Mifflin Harcourt, 1986. [Ed. bras.: *O conto da aia*, Rio de Janeiro, Rocco, 2017.]

dos sentimentos e do comportamento. Nesse sentido, o fascismo contemporâneo é idêntico ao fascismo de Hitler e Mussolini, que proviam seus seguidores de ideias prontas.

Todos esses líderes que hoje são colocados no lugar de tiranos eleitos pelo povo têm seus conselheiros e correligionários, seus Goebbels e Himmlers, seus Torquemadas. Nenhum fascismo sobrevive sem uma pesada propaganda. E, por isso, por não ser um fenômeno natural a brotar espontaneamente na sociedade – da mesma forma que a compra de uma garrafa de Coca-Cola ou de um lanche do McDonald's também não é – é que precisamos entender de onde ele vem, a que serve e em que condições ele se sustenta. E assim poderemos evitar que tragédias sociais, éticas e políticas continuem a se repetir em nome de um nefasto mercado de ódio.

19. O ridículo como o núcleo da propaganda fascista

O sentimento de perplexidade que surge em nós quando vemos as ações de certos personagens em posições de poder político pode ser definido como "ridículo político". O ridículo político trata de uma espécie de vergonha universal por parte dos cidadãos que se sentem responsáveis e preocupados com a democracia. Enquanto isso, aqueles que ocupam as posições de representação não sentem vergonha nenhuma e transformam suas performances ridículas em capital político sendo eleitos com votações impressionantes.

Se, de um lado, é como se a democracia tivesse sido reduzida a uma partilha comunitária da vergonha que temos em nome dos nossos representantes, de outro, ela se torna o meio para que os personagens estapafúrdios cheguem ao poder. A capitalização pelo ridículo o transformou em uma verdadeira tecnologia política. Esses personagens que nos causam vergonha existem em muitos países, e a maioria deles se torna presidente, primeiro-ministro, deputado ou assume posição de poder na mídia. É notório no Brasil que cada vez mais os políticos provêm da mídia de massa ou das Igrejas, ambas servindo de espaço fundamental a um plano de poder. Uma questão que se coloca a todos é a seguinte: como podem políticos tão desqualificados e indecorosos se tornar presidentes?

O culto da personalidade do guia fascista envolve a valorização fetichizada de características tais como a simplicidade, a sinceridade e a espontaneidade. Minha hipótese é que não importa se são espontâneas ou não, o fato é que o teatro que fazem, a cena que constroem, serve como fator de capitalização política. Portanto, o que leva esses personagens ao poder não é algo como o fascismo em potencial, mas a estratégia de mistificação das massas, que inclui um fascínio pelo modo de ser do cidadão estereotipado como simples. Em termos de performatividade política, esse artifício é insuperável. É muito difícil desconstruir o culto da personalidade fascista, porque se trata de uma relação de transferência cujo líder é tomado como o pai que está muito além da figura a quem se ama e se odeia. A esse pai se obedece de forma sadomasoquista, ou seja, como alguém que se deixa humilhar e encontra nele a autorização para humilhar.

Jair Bolsonaro passou a vida fazendo declarações estranhas e, ao mesmo tempo, tornando-se popular por causa delas. Por fim, transformou-se em um personagem tão estereotipado que as pessoas riam dele. Ele se tornou motivo de riso, para os brasileiros, como Trump, para os americanos. Mas, enquanto as pessoas faziam piadas, ambos aproveitaram-se disso para se tornar populares. Aqueles que os criticaram caíram na armadilha de torná-los ainda mais conhecidos. Isso mostra que a propaganda é uma espécie de princípio fundador inevitável do fascismo. Podemos dizer que nem toda propaganda é fascista, mas que nenhum fascismo resiste sem propaganda. A questão que permanece é: como as pessoas podem ter acesso cognitivo e conceitual à forma como a propaganda age sobre elas?

Bolsonaro declara muitos pensamentos bizarros. Uma vez disse, por exemplo, que "Um policial que não mata não é policial".[1] Em outra vez: "Eu seria incapaz de amar um filho homossexual."[2] Tais falas são muito sérias, mas, como são pronunciadas em tom de brincadeira, não convencem muita gente e soam como ironia. Muitos, porém, concordam com ele. O resultado desse jogo encantou as massas e passou a ser usado pelos meios de comunicação de massa a favor dele. A estratégia é simples de ser executada, porque Bolsonaro sempre se comportou como se fosse um tolo. Essa é a diferença de Trump e Bolsonaro em relação a outros tiranos, como Erdoğan, da Turquia, Orbán, da Hungria, ou Modi, da Índia.

No caso de Bolsonaro, o ridículo é o padrão natural, extensivo aos participantes de seu governo. Ele está muito mais em sua maneira de falar, suas expressões de proxenetismo, sua estupidez expressa por meio do discurso.

---

1 <www.oglobo.globo.com/brasil/policial-que-nao-mata-nao-policial-diz-bolsonaro-22118273>
2 <www.brasil.elpais.com/brasil/2018/10/06/politica/1538859277_033603.html>

Por exemplo, quando ele sugere que as pessoas que desejam proteger a natureza devam "fazer cocô dia sim, dia não",[3] vai a uma cerimônia no Japão vestido de maneira absolutamente inapropriada e come cachorro-quente sem nenhum tipo de cuidado com a etiqueta que um presidente deve ter, ele patrocina a si mesmo por meio do ridículo político. Dessa forma, incomoda algumas pessoas, mas agrada aqueles que se identificam com ele. O que Bolsonaro consegue é confundir todas as pessoas que não entendem a sua estratégia narcisista. Não se pode afirmar que ele planeje todas as suas ações esteticamente, mas que certamente essas características, ao invés de o derrubarem, o fizeram avançar.

A escalada fascista precisa de um tipo de personagem adequado para ser ele próprio o principal fator de mistificação e também o núcleo da propaganda. Bolsonaro serve inclusive como "publicitário" da indústria armamentista; lembrando que seu primeiro ato como presidente foi justamente mexer na legislação do porte de armas e munições no Brasil. Seu gesto publicitário, a marca de sua campanha à presidência, era fazer com as mãos o sinal de uma arma. Todos os políticos que o imitaram no Brasil facilmente se elegeram, assim como aqueles que fizeram a saudação nazista foram capitalizados no tempo de Hitler.

Bolsonaro e Trump passam o tempo praticando uma espécie de terrorismo psicológico, buscando diariamente chocar e impressionar a todos. As redes sociais são muito importantes para esses novos populistas, porque são acessíveis e permeiam todas as classes sociais e culturais. Dessa forma, podemos dizer que é como se governassem as mentes através de decretos virtuais, enquanto por trás de seus espetáculos o verdadeiro governo neoliberal se desenvolve por meio de especialistas em desmantelar o Estado de bem-estar social e destruir os direitos adquiridos, bem como todas as políticas públicas que possam favorecer a vida de todos. As pessoas rejeitam cada vez mais as políticas repugnantes de Bolsonaro, mas a mistificação, pela qual ele ganhou seu poder, continua até hoje.

Sabemos que essas performances exageradas são características dos tiranos exibicionistas e que todo autoritarismo requer algum nível de tea-

---

[3] <www.oglobo.globo.com/sociedade/bolsonaro-sugere-fazer-coco-dia-sim-dia-nao-contra-poluicao-ambiental-23866840>

tralidade. Mas também sabemos que, em regimes democráticos, em que as pessoas deveriam se ater à melhor oportunidade de escolha para si próprias e para o coletivo, as massas de eleitores optam pelos piores e mais patéticos políticos. Porque essa produção teatral de ridículo é o meio pelo qual os eleitores são manipulados para o cinismo.

O ridículo político é uma mutação na cultura política atual. Essa mutação é complexa, mas ocorre especialmente no campo estético da existência política. Em outras palavras, significa que a dimensão teatral das imagens, do espetacular e dos comícios públicos deve ser levada em conta agora mais do que nunca. Tais teatros sofrem uma distorção ligada à concomitante infantilização da sociedade. A ignorância e o ridículo geram uma estranha empatia e tornam-se importantes capitais políticos.

A política implica sempre um cenário, um palco; implica a forma como os figurinos, a fala e os gestos dos atores políticos se desenvolvem nas cenas. É um fenômeno da chamada sociedade do espetáculo, em que, como venho dizendo, a política se reduz à propaganda. Mas há um aspecto ainda mais profundo: a indústria cultural da política é especializada em gerir sensações e controlar mentalidades e sensibilidades. E agora essa indústria começou a apostar na empatia gerada pelo ridículo político.

O ridículo político é a cena em que atores patéticos e ignorantes assumem a liderança e se qualificam para exercer o poder, quando muitos não levam a política a sério. Esses políticos dizem que não são políticos, e muitos cidadãos caem na armadilha de votar nesses políticos e de apoiá-los, sem perceber a contradição dentro desses personagens, que dizem que não fazem o que fazem. Esses muitos cidadãos não entendem, porque são vítimas de uma estratégia cínica.

Se quisermos entender a política hoje, precisamos entender como esses personagens construíram sua posição como protagonistas. Enquanto Trump construiu uma imagem de sucesso nos negócios, Bolsonaro era praticamente desconhecido da maioria dos brasileiros. Por quase trinta anos, foi um congressista improdutivo, sem qualquer importância na cena política. Mas ele sabia como ser cínico – e como capitalizar o ridículo. De repente, começou a aparecer na esfera pública. Ganhou manchetes depois de realizar ataques homofóbicos, usando Jean Wyllys como uma alavanca, já que, na época, ele era muito mais famoso do que Bolsonaro. Seus ataques misóginos dirigidos a uma congressista – "eu não a estupraria porque ela não merece, ela é muito feia"[4] – de alguma forma o tornaram igualmente famoso por sua capacidade de proferir preconceitos, que eram vistos como prova de sua espontaneidade. Condenado por alguns – e pela Justiça, nesse último caso –, seguido por muitos, Bolsonaro ganhou espaço e presença na imprensa, e isso era tudo o que precisava para ir além.

Políticos eleitos a partir de um discurso antipolítico faziam política ao mesmo tempo que a negavam. É um jogo retórico que precisa de performatividade cínica. Venceram em uma zona estranha, a da contradição e da autocontradição, em que o jogo do círculo cínico posiciona alguns no lugar de exploradores cínicos e outros no de otários. No primeiro caso, a contradição é usada a favor de si próprio, no segundo, cai-se nela acreditando que é possível obter alguma vantagem. É a velha dialética do senhor e do escravo[5] (ou do senhorio e da escravidão) que ganha uma nova forma e é substituída por uma espécie de dialética cínica, negativa e sem superação. Anteriormente, poder e liberdade estavam em jogo na luta entre as partes. A disputa entre os que governavam e os que obedeciam era a luta do desejo que emanciparia o mais forte, o próprio desejo.

O discurso da antipolítica está presente nesses contextos. Antipolítica é a redução da política à propaganda contra a própria política. O jogo é de astúcia e esperteza. A propaganda esconde a contradição, e a política aproveita-se dela. Despolitização é um nome parcial para falar do esvaziamento da publicidade da ação política produzida e intensificada por discursos e instituições. Esse esvaziamento publicitário da política é, ao mesmo tempo, a nova política, a política despolitizada pela publicidade, que se apresenta como a verdadeira e melhor política que poderia ter existido.

A falta de interesse pela política por parte da maioria das pessoas, a quantidade imensa de pessoas que se recusa a votar, ultrapassando muitas

---

4 <www.oglobo.globo.com/brasil/justica-determina-que-bolsonaro-pague-indenizacao-maria-do-rosario-em-ate-15-dias-23689618>
5 O tema da dialética entre senhor e escravo é uma formulação contida na *Fenomenologia do espírito* (Editora Vozes, 2002), de Hegel, para explicar a emergência de autoconsciência e desejo. O texto trata da luta pelo reconhecimento como luta de vida e morte entre dois sujeitos. A dialética reside no reconhecimento de que um não existe sem o outro.

vezes o número de pessoas que votaram nos primeiros colocados, é um sinal claro do que está acontecendo na cultura política profundamente alterada pela publicidade. A política é uma mercadoria condenada ao fracasso.

    A rejeição da política não é espontânea. Foi algo construído com a colaboração de discursos e práticas de todas as instituições. Mas qual é o objetivo de eliminar a política? Quem é beneficiado pelo abandono da política? Há indivíduos e grupos que contribuem com discursos e práticas para a deterioração do sentido da política, mas que não se distanciam dela. Permanecem na política: apresentam-se como candidatos, são eleitos e lutam pelo poder, apesar de desprezarem a política. Eles jogam o jogo político do lado cínico. As demais pessoas têm o seu lugar como tolos.

    Há casos curiosos de candidatos eleitos por maioria dos votos, pessoas que dependiam precisamente do voto do povo e que, no entanto, não representam o povo. O sentido de democracia como governo do povo é, naturalmente, deixado de lado pelo próprio povo, levado a crer que "sem política" é melhor. Quando dizem que sem política é melhor, não param de fazer política; fazem apenas "a política da não política", que deturpa o seu significado e a própria democracia. Eles caem em contradição, mas nada lhes acontece. Porque no contexto do círculo cínico as coisas funcionam assim.

    O cinismo é o ato e o efeito da contradição realizada e utilizada em favor de quem a cometeu. O cinismo é uma atitude de quem é completamente verdadeiro, de acordo com uma definição antiga. Estudiosos do passado praticavam a *parrêsia*,[6] o ato de falar o que se pensa, não importando em quem vai doer. No entanto, a verdade também é um valor, e, como tal, muda historicamente. Na era da pós-verdade, podemos dizer que o cínico é um sujeito que sempre se manifesta completamente por meio da pós-verdade.

    Vivemos a época em que a verdade já não é um valor. O cinismo, portanto, também mudou. Hoje, ele se coloca no lugar da verdadeira postura, já que a verdade já não tem nenhum valor, e é por isso que tantos falam agora na pós-verdade. É sobre a verdade sem valor de verdade ou, se não for verdade, como valor de verdade. Portanto, quando vemos alguém falando

---

6 Michel Foucault, *A coragem da verdade*, Rio de Janeiro, Martins Fontes, 2011. Idem, *O governo de si e dos outros*, Rio de Janeiro, Martins Fontes, 2010a.

uma mentira como se fosse verdade e como se não houvesse nada de errado com ela, não se trata apenas de uma simples autocontradição. E é por isso que é tão fácil ficar confuso e inerte em frente a um cínico. Um cínico está dizendo a verdade e mentindo ao mesmo tempo, e ao mesmo tempo não está dizendo a verdade e não está mentindo. O que ele está fazendo então? Ele está enganando, mas não só. Está transformando o outro em um otário, posicionando-o em um lugar onde ele só pode ficar linguisticamente parado, inerte. O cínico cria a rede da linguagem na qual ele vai devorar o otário.

Os espertos emergem e usam o cinismo como uma tática enganosa. É a mais eficaz de todas as táticas quando se trata do poder em tempos de profanação da democracia. Ato de linguagem verbal e performativo, o cinismo é uma postura, e o cínico ocupa lugar especial nele. Absolutamente todos os líderes autoritários do nosso tempo usam essa tática, tal como os líderes autoritários do passado. Todos, invariavelmente, colocam-se na postura de um soberano inquestionável, com o objetivo de demonstrar força moral, emocional e brutal. Portanto, os tiranos cínicos de nossas "pseudodemocracias" não renunciam. É verdade que eles usam de violência o tempo todo contra seus inimigos, mas isso acontece sob a cortina de fumaça do cinismo. A postura cínica é absolutamente resistente à crítica. Se a crítica surge, ela não tem efeito sobre o cínico.

Quanto à dialética entre o cínico e o otário, pensemos em uma relação inevitável depois de a política ter sofrido um esvaziamento intenso. É a qualidade da relação política que mudou. Agora, o mestre é o cínico e o escravo é o otário. Não há mais uma luta pelo poder ou pela liberdade, porque o otário é o escravo sem chance de vencer. Ter uma oportunidade seria como ter uma consciência, mas ela foi aniquilada. Envenenado por doses muito altas de programas de televisão, dopado por religiosos neoliberais, por ofertas no campo do consumo, o otário – adulado como consumidor – não é capaz de reverter o jogo, porque não sabe o que fazem com ele. Apenas a consciência é capaz de libertá-lo do cínico, e, no entanto, não está disponível. Seria uma espécie de antídoto, mas sem ironia.

Os cínicos são os que arquitetam a armadilha do não político, os otários são os que caem no elogio da vida sem política. Os otários satisfazem os cínicos. Dialeticamente falando, podem até tornar-se cínicos em algum momento. Dependerá do poder que conquistarem ou ganharem de forma oportunista. O discurso de que a política acabou, de que os políticos são todos corruptos é o discurso que o otário recebe como presente do cínico e que foi criado no grande sistema de produção do cinismo, que é o capitalismo em sua ação política. É como se o cínico avisasse que o poder tem um dono e que esse dono não é o povo a quem ele fala.

Devemos nos colocar a pergunta quanto à passagem das democracias contemporâneas ao fascismo. O ridículo político é o operador efetivo e processual da guinada autoritária que se apresenta de maneira sedutora para as massas nesta fase do capitalismo mundial. O ridículo político – que, como categoria implicaria o termo "ridiculosidade" ou "ridicularia" – tornou-se o calibrador de um metabolismo estético-político que acompanha um projeto econômico-ideológico. O populismo de extrema direita em ascensão vertiginosa na última década se revela nesse processo não apenas como usuário astucioso dessa dimensão estética marcada por performatividades e teatralidades, mas como a própria coisa.

20. Aspectos estético-políticos envolvidos na passagem da democracia ao fascismo

A expressão "ridículo político" define-se na interseção entre os campos da estética e da política. Por meio dela, expõe-se o que se pode considerar uma mutação na cultura política atual, cujos avatares mais evidentes encontram-se pelo menos cem anos antes no âmbito dos fascismos que tomaram conta da Europa. A questão pode chegar aos alvores da história do poder, bem como ter um alcance geopolítico vasto. Ao contrário de uma clivagem, a mutação em questão é tecida na história, sendo observável na irrupção decisiva e originária do plano estético como platô fundamental da experiência que se tem por política. Na busca pela verdade, que caracteriza as empreitadas filosóficas, é preciso levar em conta que a estética não pode ser separada da política, do mesmo modo que a política não pode ser separada da estética. Nesse sentido, buscaremos mostrar como a mutação política em jogo é uma mutação estética que não apenas perturba, mas instaura uma outra qualidade do político.

Pode-se dizer ainda que o plano estético, como caráter plástico da política, é moldado conforme as necessidades de poderes em jogo – considerando o jogo político em sua dimensão competitiva, mimética e teatral – e sobressai mais ou menos conforme situações e condições históricas. O que é chamado de antipolítica hoje é justamente a política que se oculta como tal e reaparece como farsa, mas apenas para aqueles que estiverem em condições cognitivo-afetivas de perceber a farsa. Muitos entram no jogo sem perceber que se trata disso, justamente porque sua percepção vem sendo afetada.

O "não político" é um dos principais tropos retóricos da "antipolítica". Personagens políticos que se definem como não políticos certamente operam como cínicos no nível do discurso. Trata-se de uma astúcia usada nas épocas de campanha por candidatos que lucram politicamente com a operação de destruição genérica da política. A questão da diferença entre "o político" (o contexto geral da condição humana, do ser genérico em ação linguística e intersubjetiva) e "a política" (das instituições burocratizadas) será desenvolvida em breve, mas, por enquanto, trata-se de colocar em cena que a posição paradoxal, pouco percebida pela população eleitora, reflete sobretudo um efeito do poder na era de sua ridicularização. O que surge como ódio à política advém de um rebaixamento da política operada em seu próprio cerne. A supressão fetichista da característica política da eleição é uma das táticas comuns no contexto do abandono dos escrúpulos que caracterizam a moral dos candidatos e das massas envolvidos nos jogos políticos. O cinismo é a regra dessa discursividade que nega o lugar onde ela se instaura. Certamente, o personagem que encarna esse paradoxo de ser político enquanto nega a política tornam-se tanto mais grotesco quanto mais tentar utilizar o efeito do poder. Ao mesmo tempo, quanto mais o nega, mais vitorioso se torna.

Na era da percepção manipulada, torna-se impossível para a maioria da população compreender o jogo que está sendo jogado, em outras palavras, perceber a performance da qual participa. Como no clássico conto de Hans Christian Andersen, no qual os súditos não conseguem ver a nudez do rei,[1] estamos diante de um problema grave de discernimento, que é igualmente de percepção. A imagem do conto nos confronta com a questão do plano estético-político. O que é suprimido no que Eduardo Grüner definiu como uma "supressão fetichista do político pelas operações da política"[2] é justamente a imagem da nudez do rei. Em outras palavras, impede-se que a verdade e sua carga trágica sejam percebidas. A impressão de prestidigitação da política contemporânea advém da produção de ilusões. Essa é a estratégia própria da política no contexto do capitalismo. Desaparece o político, a

---

[1] "A Roupa nova do imperador" foi publicado em 1837 por Hans Cristian Andersen. Nesse caso, a percepção de criança que vê o rei nu é uma metáfora da consciência que não se submete à vaidade e à soberba do poder.
[2] Eduardo Grüner, *La tragedia, o el fundamento perdido de lo político* [A tragédia, ou o fundamento perdido do político], Clacso, 2002, p. 43.

instância trágica – como veremos adiante –, através de operações da política como instância burocrática.

Há, neste momento, que se prestar atenção à estrutura da supressão relacionada à política transformada em operação de ocultamento do político. O poder precisa esconder a nudez do rei, porque desse ocultamento depende a sua manutenção. Contudo, não só o rei está nu, também a roupa não existe e é preciso perguntar como ela desapareceu, pois não se trata de um objeto que nunca tenha existido. Mesmo que haja tantos personagens que não a utilizam, ela está guardada em algum lugar.

No contexto da argumentação em curso, isso quer dizer que a instância ritual própria ao político no tempo do trágico dá lugar a uma mera simulação no tempo do cômico. O comum – a roupa que todos devemos ver ou cuja ausência todos devemos perceber – que nasce do ritual, que, por sua vez, designa o que se faz em conjunto para celebrar algo, encontra-se esvaziado. A fantasia é comum e até mesmo o delírio. Aquilo que em Alexandre Kojève[3] surge como a "animalização do homem", o "esnobismo" como um ritual vazio de conteúdo, como pura formalização da vida humana, pode ser uma chave de compreensão do que está em curso. O que compreendemos por comédia – sobre a qual se fez muito menos teoria do que sobre a tragédia até hoje – é o *locus* político do tempo pós-histórico de Kojève, no qual o ser humano entraria em devir-animal. Ora, a comédia relaciona-se ao vínculo com o animal, com o rasteiro, com o humano relacionado ao universo dos ínferos, por oposição ao trágico ligado à transcendência, ao mundo dos deuses e, por isso, à morte.

Nesse sentido, a mutação sobre a qual este texto versa diz respeito à elevação do cômico como novo patamar e até mesmo novo paradigma político, no qual o político mesmo negado enquanto se nega o trágico e, para levar em conta o que nos diz Kojève, o histórico. Portanto, não há nenhuma utopia nisso, como parece haver em Kojève, quando de suas impressões sobre os rituais sem conteúdo da aristocracia japonesa e o

---

3 Alexandre Kojeve, *Introduction à la Lecture de Hegel*, Paris, Gallimard, 1947. [Ed. bras.: *Introdução à leitura de Hegel*, Rio de Janeiro, Contraponto, 2007.]

American way of life. É a própria natureza, onde a animalização poderia significar reconciliação, que é negada no tempo da farsa. Em vez da verdade ou de uma busca pelo nexo entre política e verdade, o ser humano tem agora que se resolver com o simulacro na ordem do político em que habita. Não é de espantar que os discursos no tom da pós-verdade, as fake news, a desinformação, façam parte de um programa linguístico produzido como uma nova forma de fazer política. A pós-verdade só poderia surgir na pós-história de Kojève e representa um novo metabolismo da economia linguística.

Com tal abordagem, está em jogo, certamente, a imagem da política sob as condições do capitalismo, mas sobretudo essa imagem no contexto de uma performatividade política geral, na qual os efeitos buscados pelo capitalismo servem à autorreprodução do poder. A operação ritual e/ou simbólica ínsita a todo poder é o que estamos chamando aqui de sua performatividade, e ela está vazia. Ela implica agora fingir que o próprio poder não está em cena, que a violência que se pratica em nome do poder não é violência. A supressão fetichista do político é também supressão da verdade. Ao mesmo tempo, simula-se um nexo imediato entre o povo e o soberano, ou o personagem político em fase eleitoral, por meio desse vazio ocultado.

O vazio é também da democracia que reaparece como uma espécie de "causa perdida".[4] Ela não faz outro papel além de servir de espetáculo esmaecido de um ritual esvaziado. Ela também se torna o significante vazio,[5] usado até mesmo pela extrema direita. Nesse sentido, pode-se dizer que a democracia se torna algo espectral. É apagada no momento em que é usada como reprodução e autorrealização imediata do poder ou do que, em Adorno, é a própria realidade como ideologia[6] e que remete

---

[4] "La democracia, pues, en este sentido 'sustancial', 'ontológico', es el Objeto Imposible de la Política: es lo político vuelto 'causa perdida' de la Política." Eduardo Grüner, *La tragedia, o el fundamento perdido de lo político* [A tragédia, ou o fundamento perdido do político], Clacso, 2002, p. 22.
[5] Laclau e Mouffe, 1985, Laclau, 1996.
[6] Theodor Adorno e Max Horkheimer, "Ideologia", in *Temas básicos da sociologia*, São Paulo, Cultrix, 1973.

ao tema da transparência presente na alegoria da roupa nova do rei.[7] Ela é a cortina de fumaça, a roupa nova do rei que não pode ser vista como ausente justamente por não existir, devendo, portanto, ser aceita como uma fantasia coletiva com valor de verdade absoluta. Eis a dimensão estética do populismo, o acordo de todos em torno de uma mentira, que se confunde com sua dimensão social.

A dimensão estética, nesse sentido, não é uma força ou uma qualidade do poder. Ela é o próprio poder como significante vazio exposto na roupa inexistente do rei. Pode-se dizer que quanto menos estético, no sentido de buscar efeitos, é o caráter do poder, menos autoritário ele vem a ser. E, nesse sentido, não surpreende que o capitalismo seja uma ditadura estética que busca a todo custo ocultar seu caráter autoritário por meio da sedução e adulação das massas. Tal é o cenário no qual o jogo do ridículo político se desenvolve.

Foucault mencionou o ridículo como uma característica de certos personagens, ligada à dimensão do "grotesco",[8] ele mesmo parte da mecânica do poder. Em seu curso sobre os anormais, ele afirma que já se podia perceber em personagens como Nero e Heliogábalo o funcionamento do caráter "ubuesco", expressão empregada a partir da peça *Ubu rei*, de Alfred Jarry,[9] originalmente encenada no final do século XIX na França. Foucault insiste

---

7 "A ideologia contemporânea é o estado de conscientização e de não conscientização das massas como espírito objetivo, e não os mesquinhos produtos que imitam esse estado e o repetem, para pior, com a finalidade de assegurar a sua reprodução. A ideologia, em sentido estrito, dá-se onde regem relações de poder que não são intrinsecamente transparentes, mediatas e, nesse sentido, até atenuadas. Mas, por tudo isso, a sociedade atual, erroneamente acusada de excessiva complexidade, tornou-se demasiado transparente. Essa transparência é, justamente, o que se admite com maior relutância. Quanto menos subsiste de ideologia e quanto mais toscos são os produtos que lhe sucedem...". Ibidem.

8 Foucault discute a relação entre verdade e justiça e afirma que justamente onde acontece a intersecção desses discursos surgem aqueles verdadeiros, com "efeitos judiciários desejáveis" e que têm a curiosa propriedade de serem estrangeiros a todas as regras, mesmo as mais elementares de um discurso científico, às regras do direito e que são "grotescos". Conferir *Os anormais*, op. cit, p. 12 e "La vérité et les formes juridiques" (1974), in *Dits et Écrits* I, Gallimard, Paris, 2001, pp. 1406-1514. [Ed. bras.: "A verdade e as formas jurídicas", in *Ditos e escritos*, v. I, Rio de Janeiro, Forense Universitária, 2010.] Devo a Bertrand Ogilvie o alerta para esses textos de Foucault. Ver ainda: Rubens R R Casara, *Sociedade sem lei: pós-democracia, personalidade autoritária, idiotização e barbárie*, op. cit.

9 Ver Alfred Jarry, *Ubu Roi*, Paris, Édition du Mercure de France, 1896. [Ed. bras.: *Ubu rei*, São Paulo, Editora Peixoto Neto, 2007.]

que é preciso tratar o grotesco como categoria de análise, e não como mera injúria. Sua intenção é compreender o "discurso grotesco", ao mesmo tempo "estatutário e desqualificado", exercido por juízes e médicos no contexto da produção de um "efeito de poder". Foucault coloca a questão do "soberano infame", um personagem no seu todo "infame, grotesco, *ridículo*", e da "soberania grotesca", que se define pela "maximização dos efeitos do poder a partir da desqualificação daquele que o produz".[10]

Tendo em vista a afirmação de Foucault, de que jamais se fez a teoria da "infâmia do soberano",[11] é chegado o momento de investir menos nessa possibilidade do que no problema levantado pela questão. Será possível contar a história dos soberanos vis, a história dos atores políticos vergonhosos, por sua violência, estupidez, idiotice, quando o que se define por "poder" talvez não seja mais do que a forma da violência que oculta o seu grotesco e se vale nesse processo de artimanhas estéticas, tanto discursivas quanto imagéticas? Embora a alusão à teoria do soberano infame não tenha sido retomada por Foucault, seu potencial esclarecedor não pode ser deixado de lado, sobretudo, neste momento em que proliferam exemplos dos personagens e discursos grotescos na cena política em todo o mundo. O texto que segue busca ser uma compreensão do cenário geral, do estilo político a que populações estão estética e politicamente submetidas e, muitas vezes, em pleno regozijo dessa condição.

Neste texto, a escolha por desenvolver o tema do ridículo, cuja especificidade deve ser analisada para além do grotesco,[12] deve-se à hipótese de que é o riso que está no cerne da operação estética do poder autoritário em sua fase atual. Uma análise do grotesco implicaria outra pesquisa e outros alcances. Analisar o riso como um aspecto central da dimensão estético-política deve nos ajudar a entender o movimento pelo qual uma certa imagem da política em vigência no imaginário da sociedade sofreu transformações contundentes.

---

10 Michel Foucault. *Os anormais*, op. cit., p. 12.
11 Ibidem, p. 23.
12 O grotesco é uma categoria ampla e que comparece em outros cenários com uma multiplicidade de sentidos e riquezas que nos desviariam do foco ao qual o "ridículo" nos permite chegar mais precisamente. Remeto ao livro de Francis Barasch, *The Grotesque, a study of Meanings* [O grotesco, um estudo de seus significados] (The Hague/Paris, Mouton, 1971).

O conceito de ridículo político remete a um cenário, a um ambiente ou atmosfera pública. Personagens que se apresentam como caricaturais, e sem vergonha alguma de sê-lo, dentro de uma indústria da comunicação conspurcada por mentiras e fake news, representam uma espécie de novo capital político que vem sendo amplamente produzido e consumido no tempo da política reduzida à publicidade, tal como já acontecia no período do nazismo alemão. O rebaixamento da política à publicidade produziu um tipo de imagem, a da política como mercadoria. A imagem da política profissional exercida por representares parlamentares é algo sem valor ético e moral. Nessa imagem, combinam-se o moralismo, a religiosidade e a retórica do ódio que, aos poucos e conforme necessidades, fazem transição ao escancarado discurso fascista. Os discursos grotescos, dos quais fala Foucault, encaminham para a destruição e a morte em regimes autoritários; contudo, em um primeiro momento, as populações atingidas por tais discursos não levam a sério, ou levam pouco a sério, o que os portadores da fala odienta dizem, justamente porque não compreendem seu conteúdo ou, ao compreendê-lo, pensam ser puro *flatus vocis*. Tais personagens políticos são encarados como figuras exageradas, caricaturais, em uma palavra, grotescas e/ou ridículas, mas que, ao mesmo tempo, divertem. Tornam-se merecedores de votos e vitórias eleitorais por diversos motivos, tais como vingança e ressentimento dos eleitores contra políticos de esquerda.[13]

Por ridículo político podemos, portanto, definir tanto a performance particular de um indivíduo quanto à performatividade em si mesma, uma espécie de método ao qual qualquer um – grupo, movimento, partido – pode aderir. A qualidade publicitária é a garantia de lucro político imediato na forma de votos. A performatividade pessoal se dá em uma cena, uma atmosfera construída, uma espécie de clima dentro de um palco no qual o ator precisa apenas ser "espontâneo" e "catártico", no qual a estupidez, a

---

13 Ver a pesquisa de Rosana Pinheiro-Machado e Lucia Mury Scalco "From hope to hate: The rise of conservative subjectivity in Brazil" [Da esperança ao ódio: o crescimento da subjetividade conservadora no Brasil], *HAU: Journal of Ethnographic Theory*, v. 10, n. 1, 2020. Bem como o livro de Rosana Pinheiro-Machado *Amanhã vai ser maior* (Planeta, 2019). Ver também a pesquisa de Esther Solano "La bolsonarización de Brasil" [A bolsonarização do Brasil], in IELAT, Instituto Universitario de Investigación en Estudios Latinoamericanos, n. 121, abril de 2019, pp. 1-42.

grosseria, a burrice servem como impulso ao texto verbal a ser proferido. Nesse palco, que possui a dimensão de um "todo" na percepção coletiva, se estabelece uma verdadeira *Gestalt* dos personagens políticos. A percepção da forma política como algo desagradável que, porventura, possa surgir para alguns espectadores, não exclui o êxtase gerado em nível cênico para massas por tais personagens. Há, no Brasil e no mundo, casos de pessoas que poderiam ter se tornado vítimas de cenas ridículas das quais participaram, mas que, na verdade, foram premiadas por elas, elegendo-se como candidatos mais votados.[14]

O ridículo político se tornou capital estético-político. Diz respeito ao retorno de algo arcaico, de uma imagem que sobrevive no tempo para compor, sob novas condições tecnológicas, um ambiente no qual a política dá espaço a uma simulação específica da barbárie. É a política como teatro do grotesco pelo ridículo. Podemos falar de uma inversão de patamares éticos ou morais, mas se trata de avaliar algo anterior, relacionado ao que, nas palavras de Adorno e Horkheimer é o fascismo, quando "o que estava oculto aparece à luz do dia", no momento em que "se revela também a história manifesta em sua conexão com esse lado noturno e ignorado tanto na legenda oficial dos estados nacionais quanto em sua crítica progressista".[15]

---

14 Há vários casos, mas podemos destacar alguns novos deputados que merecem análise: Tiririca, Janaína Pascoal, Alexandre Frota e Kim Kataguiri, que ascenderam ao poder a partir de posturas que se encaixariam no que Foucault denominou "grotescas". Infelizmente, as especificidades de cada um desses personagens não podem ser analisadas neste texto. Remeto, principalmente, a parlamentares presentes na famosa cena no Congresso Nacional na votação pelo impeachment de Dilma Rousseff em 2016, que chocou a população. Muitos deputados que ali estavam foram reeleitos em 2018. Um deles, que proferiu o seguinte discurso, o mais grotesco de todos, tornou-se presidente do Brasil: "Nesse dia de glória para o povo brasileiro, tem um nome que entrará para a história nessa data, pela forma como conduziu os trabalhos da casa. Parabéns, presidente Eduardo Cunha. Perderam em 64, perderam agora em 2016. Pela família e pela inocência das crianças em sala de aula que o PT nunca teve, contra o comunismo, pela nossa liberdade, contra a Foro de São Paulo, pela memória do coronel Carlos Alberto Brilhante Ustra, o pavor de Dilma Rousseff, pelo Exército de Caxias, pelas nossas Forças Armadas, por um Brasil acima de tudo e por Deus acima de todos, o meu voto é sim." Bolsonaro era conhecido por nunca ter aprovado um projeto de lei, dentre os quais se incluem o projeto da castração química de estupradores. Sempre foi, no entanto, um dos deputados mais votados do país. O governo de Bolsonaro segue hoje a linha de sua campanha, que cresceu e apareceu desde aquele momento.
15 Theodor Adorno e Max Horkheimer. *Dialética do esclarecimento*, op. cit.

Esse fenômeno se torna ainda mais complexo no contexto de uma sociedade do espetáculo ou de uma sociedade excitada. Os eleitores, indivíduos que potencialmente poderiam fazer um exercício de cidadania crítica, foram reduzidos a espectadores – ou telespectadores –, foram reduzidos a robôs da política, transformada em puro espetáculo. Isso quer dizer que a relação que os cidadãos têm com a política hoje é mediada por práticas estéticas tecnológicas que mudam a qualidade das velhas percepções e de rituais que definiam a experiência com a política.

21. O deslizamento da tragédia à farsa

Com a afirmação de Marx em *O 18 de brumário*,[1] de que a história se repete, uma vez como tragédia, depois como farsa, apresenta-se, mais uma vez, o terreno do ridículo político. Tal colocação, lida por muitos como simples espirituosidade, remete a um modelo trágico concernente à política, que teria sido adulterado. Em Eduardo Grüner, encontramos o tema do recorrente "*deslizamiento de la tragedia a la farsa*",[2] mas o autor não deixa claro como se dá a operação de deslizamento. A pista está no modelo marxiano: os personagens do presente seriam imitações caricaturais de heróis do passado. A operação é estética. A imitação, ou mímesis, matéria de controvérsia entre Platão e Aristóteles, implica falsificação, para o primeiro, enquanto que para o segundo implica ficção.[3] Em Platão, a mímesis não se refere apenas às obras de arte, mas a todos os seres, incluindo discursos e instituições.[4]

---

1 "Hegel observa em uma de suas obras que todos os fatos e personagens de grande importância na história do mundo ocorrem, por assim dizer, duas vezes. E esqueceu-se de acrescentar: a primeira como tragédia e a segunda como farsa." Karl Marx, *O 18 de brumário de Luís Bonaparte*, São Paulo, Boitempo, 2011, p. 6.
2 Eduardo Grüner, *La tragedia, o el fundamento perdido de lo político* [A tragédia, ou o fundamento perdido do político], Clacso, 2002, p. 16.
3 O conceito de mímesis percorre a história da estética filosófica, da arte e da literatura sendo um dos seus termos mais polifônicos. Ver Gunter Gebauer e Christoph Wulf, *Mimesis, Culture, Art, Society* [Mímesis, cultura, arte, sociedade], Berkeley, University of California Press, 1996.
4 Para um aprofundamento sobre o conceito de mímesis ver: Walter G. Leszl, "Plato's Attitude to Poetry and the Fine Arts, and the Origins of Aesthetics" [A atitude de Platão para com a poesia e as belas-artes, e a origem da estética], in *Études platoniciennes* [Online], 3, 1º de setembro de 2016, pp. 245-336. O autor analisa a questão da tragédia e da comédia em Platão. Nas *Leis*, por exemplo, podemos ver que Platão não rechaça a comédia, mas a trata com muito cuidado. Ver também, Teresa Chevrolet, "Aristóteles posto à prova de Platão ou o caso mímesis: a poética entre alguns teóricos do fim do século XVI", Aisthe, n. 2, 2008.

Platão será um crítico do procedimento mimético, esse artifício imitativo pelo qual as ideias que habitam um mundo além do sensível são como que conspurcadas na forma de simulacros, problema que não se encontra em Aristóteles. A preocupação de Platão é com a experiência formadora, com a educação, enquanto que Aristóteles teria sido mais condescendente com a dimensão do entretenimento próprio às artes imitativas. Para os fins dessa argumentação, importa saber que a mímesis é um conceito que implica um método, um movimento entre ideias e realidade, análoga ao sentido de Eros no campo do conhecimento, tal como vemos em *O Banquete*.[5]

A perspectiva de Aby Warburg[6] vem colaborar na compreensão dessa ideia de um deslizamento entre tragédia e farsa, pela qual fica clara a intimidade entre estética e política. Grüner percebe essa intimidade na obra de Aby Warburg,[7] um pesquisador que se tornou importante para o mundo da história da arte, mas cuja dimensão política não é raramente observada. Grüner percebe na "*dualidad siniestra* (la *unheimliche Doppelheit*) *del hecho cultural*" entre terror e beleza, entre caos e harmonia, a relação entre tragédia e política. A noção de dualidade sinistra tem um parentesco com a noção de estranheza inquietante de Freud. É possível expandir essa noção para compreender a relação entre a tragédia e seu habitual par estético, a comédia. Assim como se dá com a tragédia, a comédia não é somente um estilo, ou uma forma, no sentido de um gênero literário ou teatral, mas, sobretudo, um determinado modo de articular a política.

Nesse sentido, a operação do deslizamento não implica o fim do ritual político, mas o surgimento de um outro ritual, aquele dentro do qual não é mais a vida dos deuses e da transcendência que está em jogo, mas a animalidade do ser humano. Se a tragédia faz rir, a comédia torna o riso imperativo. Em outro nível de comparação, pode-se dizer que, em vez do belo e do sublime,

---

5 Platão, *O banquete*, Rio de Janeiro, Bertrand Brasil, 2002.
6 Aby Warburg, *Histórias de fantasmas para gente grande. Escritos, esboços e conferências*, org. Leopoldo Wizbort, São Paulo, Companhia das Letras, 2017. Idem, *Le rituel du serpente: art & anthropologie* [O ritual da serpente: arte e antropologia], Paris, Macula, 2003. Philippe-Alain Michaud, *Aby Warburg Aby Warburg et l'image en movement*, Paris, Macula, 2012. [Ed. bras.: *Aby Warbug e a imagem em movimento*, Rio de Janeiro, Contraponto, 2013.]
7 Eduardo Grüner, *Iconografías malditas, imágenes desencantadas: hacia una política "warburguiana" en la antropología del arte* [Iconografias malditas, imagens desencantadas: por uma polítca "warburguiana" na antropologia da arte], Buenos Aires, EUFyL, Facultad de Filosofia y Letras, 2017, p. 9.

que constituem o campo da tragédia, o que há no campo do cômico é o asco, o sinistro e a sensação de distopia. A tensão entre o consciente e o inconsciente em jogo no universo do cômico[8] recoloca em cena a "dualidade sinistra" em uma eterna repetição do deslizamento introjetado e transformado em operação mental. Os procedimentos da cultura são procedimentos subjetivos. A comédia implica o ritual carnavalesco, em que os sentidos habituais são invertidos, mas eles podem ser vividos subjetiva e individualmente. Há na comédia uma destruição formal da lei previamente estabelecida que, na tragédia, era tensionada e problematizada, mas ainda respeitada. A dualidade sinistra implica um movimento de báscula dialética. A comédia torna-se tragédia no fascismo.

É com Warburg que surge a possibilidade de uma história das imagens a partir da hipótese de que há uma sobrevivência das imagens no tempo histórico, de que as imagens retornam no tempo. O termo usado por Warburg é *"nachleben"*. Eduardo Grüner [9] viu na *"nachleben"* warburguiana a ideia de uma "sobrevida *zombie*", que em tudo combina com o momento político das nações dominadas por tiranos fascistas. O deslizamento diante dessa constatação teria relação com a deterioração, com o processo da morte. Seria o instinto de morte ou o recalcamento (*Verdrängung*) freudiano, seria a decadência nietzschiana, ou seria muito mais um processo pelo qual a sublimação que deveria ter acontecido na tragédia como obra de arte se torna fantasmagoria na comédia como fake news.

O deslizamento ao qual Grüner se refere implica a política (a burocracia), destruindo o político (o universo do *zôon logikon*). Do mesmo modo, a estética estaria a destruir o estético, bem como o cômico a esfacelar o trágico. A fórmula pela qual a indústria cultural está para a burocracia, como a política para o político, tem valor nesse processo. É a própria política que retorna esvaziada de sua operação e aparece com a farsa, como pura forma, como pura emulação sem conteúdo, como "poder sem qualificação", assunto de Ubu rei,

---

8 Freud, ao criar a sua teoria do chiste, trata da questão dessa relação entre consciente e inconsciente em ação nesse tipo de produção de humor. Ver Concetta D'Angeli e Guido Paduano, *Lo cómico*, Madri, La Balsa de la Medusa, 2001, p. 243. [Ed. bras.: *O cômico*, Curitiba, Editora UFPR, 2007.] Ver também Sigmund Freud, *Os chistes e sua relação com o inconsciente*, Rio de Janeiro, Imago, 1996.
9 GRÜNER, op. cit.

e não de Macbeth (sendo um a continuidade do outro). No momento em que a política imita a si mesma, faz-se simulacro de si mesma, e o mundo parece duplicado e, em momentos catastróficos, até mesmo invertido. A passagem da tragédia à farsa é uma constante, uma báscula, na qual a intersecção entre estética e política constituem seu elo. A sensação atual do sinistro freudiano na experiência política, a tragédia e a farsa marxista, a sobrevida zumbi encarnada pelos personagens políticos de nossa época não nos permite esquecer o estupor paralisante dos povos indígenas diante dos espanhóis comedores de ouro, de que fala Silvia Cusicanqui.[10] Tais exemplos fazem parte de uma mesma experiência estético-política dos povos que não deixa de se repetir.

Dando um salto no tempo e ultrapassando certa ideia de continuidade epistemológica, é importante acrescentar mais uma pista para pensarmos o ridículo político na linha da reflexão sobre o deslizamento da tragédia à farsa. O que Gilles Deleuze definiu como a "ordem da superfície" (1969) pode promover a compreensão acerca do deslizamento, desse momento de passagem ao outro lado, afinal, se trata de uma questão de planos e formas narrativas, do que se esconde e do que aparece, do que deveria ter ficado oculto e, todavia, apareceu. Em uma banda Moebius, se trataria de perceber o que está do outro lado. Em Deleuze, contudo, é nessa ordem da superfície que se estabelece o que ele chama de "fissura". A fissura é o buraco, a fenda pela qual escapa a subjetividade lixiviada pelos processos de dessubjetivação próprios ao capitalismo. Se simplesmente invertemos a fita, de um lado a tragédia, de outro a comédia, encontramos outra ordem de superfície, mas isso não elimina a fissura. Segundo Deleuze, a "verdadeira diferença não é entre o interior e o exterior. A fissura não é nem interior nem exterior, ela se acha na fronteira, insensível, incorporal, ideal". A fissura produz entre "o exterior e o interior relações complexas de interferência e de cruzamento". O seu efeito é uma "junção saltitante". O complexo comentário de Deleuze sobre o texto "Crack-up" de Scott Fitzgerald permite pensar a fissura como um acontecimento exterior e interior. Trata-se, em Deleuze, de uma reflexão sobre a lógica do sentido, mas podemos apoiar o tema do deslizamento

---

10 A sensação de que o mundo está invertido, contudo, não é nova em termos de política. Ela já atingia os povos ameríndios havia muito tempo. Agora, pode se tornar uma categoria de análise política também para todas as culturas ameaçadas nesse estágio de nossa história. Ver: Silvia Riveira Cusicanqui, op. cit.

nesse processo em que dois universos se conjugam justamente pelo abismo entre eles. Contudo, o interesse de Deleuze em torno da subjetividade permite compreender como se dá a operação de fascistização da subjetividade. Como se dá a adesão subjetiva ao fascismo por um processo no qual o interior e o exterior se conectam no choque, ou no que em Fitzgerald é o golpe que vem de dentro.

A subjetividade aqui tem o sentido de experiência partilhada. O esvaziamento é partilhado (e podemos nos referir aqui ao esvaziamento do pensamento). O que irrompe da fissura é um material psíquico compartilhado, uma energia psíquica, na qual o ridículo é *"pathosformel"*, como em Warburg. O ridículo político é uma plasticidade, um material imagético, que implica a construção de uma cena, uma teatralidade igualmente compartilhada, que já não se torna obra de arte, mas vem compor a esfera pública. Dessa teatralidade participam as massas, na condição de aduladoras e aduladas em um ritual fundador do Estado, não mais no parâmetro da tragédia, mas da comédia. Todos estão conectados pela fissura, pela rachadura que os une, porém, ao mesmo tempo, ela não significa uma clivagem, mas uma continuidade no abismo.

A ideia de uma fissura diz respeito ao êxtase das massas na direção do líder autoritário que encanta justamente por meio de sua performance patética, que, emulando a graça, promete a catarse. Nesse sentido, o *führer* é a substância, ele tem o papel de deus,[11] que é o objeto de toda fixação e comportamento viciado, que concentra o efeito de êxtase, o efeito de vício, a sensação estupefaciente, o fascínio com o horror quando se exerce, por meio disso, a libertação. O deslizamento da tragédia à farsa não se dá sem algo da ordem da catarse das massas promovidas por tais personagens. A fissura é por onde a catarse pode acontecer.

Incrementado pelos meios de comunicação de massa e o avanço da esfera digital, o ridículo dá uma imagem popular ao poder, uma imagem cuja função é produzir adulação pela produção de identificação com o líder e promover, assim, o nexo, o vínculo irredutível entre líder e seguidores. As massas são agradadas não apenas por imagens, com as quais podem se sentir contempladas narcisicamente, mas em um nível mais profundo, "fisioteologicamente",[12] como veremos a seguir.

---

11 "Mito" é o termo com o qual os fãs do presidente Jair Bolsonaro se referem ao seu ídolo.
12 Christoph Türcke, *Sociedade excitada: filosofia da sensação*, op. cit.

22. O riso como catarse no contexto da indústria cultural

No imaginário popular, política é um conceito cada vez mais associado com a farsa, que é, tecnicamente falando, uma forma teatral da ordem da comédia, mas que também possui o sentido de qualidade ruim, de enganação. A forma geral da farsa assumiu o todo do ritual político e se fez imagem geral da política. Trata-se, portanto, no texto em curso, de entender as operações ligadas ao riso – e ao cômico, por oposição ao trágico –, que fazem sobressair as formas da soberania infame, para aproveitar a expressão de Foucault.

No cenário do elogio abstrato à liberdade de expressão – ela mesma objeto da mistificação por técnicas de comunicação comuns ao campo da extrema direita –, que a reduz ao que podemos definir como neoliberalização da linguagem, a crítica ao riso sucumbe facilmente à fama de autoritarismo, tal o predomínio da ideologia neoliberal em todas as mentes, organizando uma verdadeira colonização neoliberal das ideias. Considerado como um valor em lugares como o Brasil, no qual prepondera a imagem do "país da piada pronta", o riso é um tema que precisa de reflexão crítica. Adorno e Horkheimer são autores que se envolvem em uma análise crítica do riso. No texto sobre a indústria cultural, encontramos:

> Na falsa sociedade, o riso atacou – como uma doença – a felicidade, arrastando-a para a indigna totalidade dessa sociedade. Rir-se de alguma coisa (*Lachen*) é sempre ridicularizar (*Verlachen*), e a vida que, segundo Bergson, rompe com o riso a consolidação dos costumes é na verdade a

vida que irrompe barbaramente, a autoafirmação que ousa festejar numa ocasião social sua liberação do escrúpulo.[1]

Os autores apontam para a continuidade entre o riso e a ridicularização, o ato particular ou fato do riso e a ação que o promove na direção do outro. Essa ação tira a simples naturalidade ou espontaneidade do riso e o coloca em um lugar político, mediado por relações de poder. Tomar o riso de antemão como uma virtude ou como uma vantagem é o perigo que a cultura se acostumou a correr até naturalizar esse perigo. É justamente esse o uso que se faz do riso em uma cultura autoritária.

A crítica de Adorno e Horkheimer ao riso insere-se em uma crítica estética, a saber, a crítica do belo como uma espécie de forma ideológica resultante de uma "reprodução mecânica do belo" como "exaltação reacionária da cultura". Os autores falam de um "triunfo sobre o belo" que se leva a cabo pelo humor, como em uma guerra na qual se atacam o elevado, o trágico, a transcendência. Os autores têm uma visão dialética desse jogo de forças, mas não consideram que o riso seja uma vitória. Tampouco é o belo sobre o qual ele pretenderia triunfar. O riso é uma falsa vitória. É nesse sentido que afirmam que "rimos do facto de que não há nada de que se rir".[2] O riso se transformou em uma forma de ludibriar a felicidade, que seria um parâmetro ético da cultura. Nesse sentido, vemos nesse processo o método do rebaixamento e da inversão que é próprio da comédia como estrutura artística.

O riso e a ação de ridicularizar estão no cerne da operação de fascistização da cultura. A fascistização é um processo que funciona como um jogo de linguagem. Nele, a catarse não indica a "purificação" de paixões negativas, mas o esvaziamento da subjetividade. A catarse é perpetrada pelo capitalismo que domina todas as esferas da vida, inclusive a política. A performance daquele que imita o "clown", sabendo ou não que o faz, aproxima-se agora muito mais do *kitsch* considerando as condições históricas do próprio capi-

---

[1] Theodor Adorno e Max Horkheimer, *Dialética do esclarecimento*, op. cit.
[2] Ibidem, pp. 148-149.

talismo, a moda, o estilo, a criação de padrões plásticos. É nesse sentido que Adorno dirá na teoria estética que o "o *kitsch* parodia a catarse".[3]

A inflexão que nos permite perceber a atualização e intensificação do ridículo quando comparado a outras formas grotescas se torna evidente nesse ponto. Se lembrarmos que os nazistas almejavam, na linha de Wagner,[4] a política como "obra de arte total", somos capazes de entender o que acontece com os estilos e em que sentido a questão da paródia encaminha novamente para o tema da farsa.

O riso sofreu um achatamento. Com a perda do seu caráter crítico e perturbador, ele foi transformado em simples e puro entretenimento, como acontece com as formas linguísticas sob o signo da indústria cultural. O riso, que poderia ser crítico, abriu caminho para o deboche raso e o cinismo. Fosse o riso da reconciliação, fosse o do terror – o primeiro a liberar dos "perigos físicos" e o segundo das "garras da lógica" –, o que se esperaria do riso seria uma liberação mais profunda. Os filósofos frankfurtianos dirão que a "liberação prometida pela diversão é a liberação do pensamento como negação".[5] É nesse sentido que o entretenimento será, para esses autores, a nova catarse.[6] A "indústria cultural desvenda a verdade sobre a catarse"[7], porque, se "a catarse é uma ação purgativa das emoções que se harmoniza com a repressão",[8] isso quer dizer que ela encontra novos caminhos de expressão nem sempre ligados a algo melhor.

O trote social implícito no riso, tal como vemos em Bergson, implica algo dessa catarse e o caráter estético-político do riso. Segundo ele,

---

3 Theodor Adorno, *Teoria estética*, Lisboa, Edições 70, s/d, p. 268.
4 Ver Krisztina Lajosi, "Wagner and the (Re)mediation of Art: Gesamtkunstwerk and Nineteenth-Century Theories of Media" [Wagner e a (re)mediação da arte: a obra de arte total e as teorias da mídia do século XIX], in *Amsterdam Institute for Humanities Research (AIHR)*, v. 23, n. 2, 2010, pp. 42-60. Ver também: David B. Dennis, "The Most German of All German Operas: Die Meistersinger through the Lens of the Third Reich" [A mais alemã das óperas alemãs: os mestres cantores de Nuremberg pela ótica do Terceiro Reich], in *Loyola eCommons, History: Faculty Publications and Other Works*, pp. 98-119, 2003.
5 "Die Befreiung, die Amusement verspricht, ist die von Denken als von Negation." Adorno e Horkheimer, *Dialética do esclarecimento*, op. cit., p. 153.
6 Ver também Claudio William Veloso, *Pourquoi la "Poétique" d'Aristote? Diagogè*, [Por que a "Poética" de Aristóteles? Diálogo], Paris, Librarie Philosophique J. Vrin, 2018.
7 Adorno e Horkheimer, "Wie über den Stil enthüllt die Kulturindustrie die Wahrheit über die Katharsis", *Dialética do esclarecimento*, op. cit., p. 152.
8 Adorno, s/d, p. 267.

o prazer de rir não é um prazer puro, quero dizer, um prazer exclusivamente estético, absolutamente desinteressado. A ele se mistura uma segunda intenção que a sociedade tem em relação a nós quando nós mesmos não temos. Mistura-se a intenção inconfessa de humilhar, portanto, é verdade, de corrigir pelo menos exteriormente.[9]

Nesse caso, o riso implica uma ação sobre o outro que é a da humilhação, do rebaixamento que garante um tipo de soberania, a da superioridade subjetiva em um breve jogo de linguagem, como o chiste. Em um nível institucional, implicaria a superioridade do governante mau, que humilha o povo e é, pelo povo, idolatrado. Em contextos de polarização, o povo humilha o povo tendo o líder infame como mediador da humilhação. A catarse está, nesse caso, ligada a uma operação pela qual o trágico se perdeu de vista. Bergson percebeu a proximidade do campo do riso com a vida. Em suas palavras,

> a comédia está bem mais perto da vida real que o drama. Quanto mais grandeza tem um drama, mais profunda é a elaboração à qual o poeta precisou submeter a realidade para dela depreender a tragicidade em estado puro. Ao contrário, é somente em suas formas inferiores, o vaudeville e a farsa, que a comédia contrasta com a realidade, pois, quanto mais se eleva, mais tende a confundir-se com a vida, e há cenas da vida real tão próximas da alta comédia que o teatro poderia apropriar-se delas sem mudar uma palavra.

A comédia imita a realidade – enquanto a tragédia, na clássica definição de Aristóteles, imita o mito[10] –, em níveis diversos. Por vezes, chegando ao escatológico, como no conceitos de baixo material e corporal em Bakhtin.[11] O elemento autoritário do riso está ligado a um rebaixamento não dialético dos valores do trágico. O que vale nos termos do ditado latino *"castigat ridendo mores"* – ou seja, rindo, "castigar" os costumes –, muda absolutamente

---

9 Henri Bergson, *Le Rir: Essai sur la signification du comique*, Paris, Éditions Alcan, 1924, 1959, pp. 391-485. [Ed. bras.: *O riso: ensaio sobre o significado do cômico*, São Paulo, Edipro, 2018.]
10 Aristóteles, *Poetics* [Poética], Project Gutemberg ebook, trad. S.H. Butcher.
11 Mikhail Bakhtin, *A cultura popular na Idade Média e no Renascimento: o contexto de François Rabelais*, São Paulo, Hucitec, 2010, p. 323.

quando se trata do ridículo contemporâneo tornado um padrão hegemônico, dando a tudo aquele "ar de semelhança", de que falavam Adorno e Horkheimer relativamente à indústria cultural. Se, como dizia Bakhtin, "O bufão é o rei do mundo às avessas",[12] ele se reproduziu tecnológica e publicitariamente até não haver mais diferenças entre os mundos.

A imagem de bufonaria política, que surge em profusão em noticiários, descende de uma espécie de deturpação dos aspectos do cômico. Historicamente o carnaval tinha a função política de igualar as classes por baixo, de relativizar verdades, de colocar as autoridades em um lugar propriamente humano, criando o que, na visão de Bakhtin,[13] foi um dos momentos mais fundamentais do humanismo, aquele no qual as pessoas podiam viver uma relação intensa entre utopia e realidade pelo cancelamento das desigualdades. Na visão de Bakhtin, o rebaixamento é um princípio topográfico, corporal, material, que não tem um aspecto moral abstrato.

Se a lógica da visão carnavalesca do mundo é a das coisas ao avesso, de um mundo "ao revés", em que tudo se inverte, temos um parâmetro a partir do qual podemos pensar o ridículo político contemporâneo. Não se trata, no ridículo, da criação de um segundo mundo, de uma segunda vida, como no carnaval, em que toda encenação busca e leva a uma espécie de bagunça; trata-se de um mundo ao revés em que a segunda vida tomou o lugar da primeira, em que o sério e o não sério se confundiram, na forma de uma justaposição de cenas que pode produzir efeitos altamente destrutivos da subjetividade e da objetividade. Nesse sentido, o riso é a armadilha, a isca que a indústria cultural coloca para as hordas de consumidores devorados pelo consumismo.

---

12 Ibidem, p. 325.
13 Ibidem, p. 14.

23. Sociedade politicamente excitada

O conceito do riso como catarse nos ajuda a compreender a adesão das massas ao fascismo. De um lado, a banalidade toma conta de todos os processos e experiências sociais e comunitárias. De outro, a banalização conduz ao êxtase. A catarse na indústria cultural tem esse papel estupefaciente. É a percepção humana que está afetada sob condições estéticas que, em nossa época, compreendem as microtecnologias digitais e midiáticas, como encontra-se exposto na obra *Sociedade excitada*, de Christoph Türcke,[1] que trata do caráter extasiante dos meios tomando conta do mundo da vida. Tais condições definem a produção da linguagem e de sua difusão. As condições do nosso tempo implicam a indústria cultural como um todo, mas também a indústria cultural da política nos encaminha a refletir sobre a criação de estereótipos políticos que fazem sucesso, que causam sensação. São atores políticos que, como vedetes, hipnotizam as massas, colocando a todos sob o efeito de seus discursos e performances. A hipnose e a produção do êxtase se tornam metodologias políticas. Não é por acaso que religião, economia e política estejam cada vez mais próximas, pois se utilizam de métodos similares.

A sociedade da "sensação" de que fala Türcke é aquela na qual se exerce um controle dos corpos no nível da estimulação da percepção por uma estratégia de choques em diversas intensidades.[2] Os choques atuam sobre os sentidos e o todo da sensibilidade dos indivíduos cuja capacidade de

---

[1] Christoph Türcke. *Sociedade excitada: filosofia da sensação*, op. cit.
[2] Naomi Klein reconstrói a história das pesquisas com eletrochoques nos EUA e o uso do mecanismo na tortura pelas ditaduras latino-americanas (2008), e compara o neoliberalismo com um procedimento baseado em uma política de choques. Ver Naomi Klein, *A doutrina do choque: a ascensão do capitalismo de desastre*, op. cit.

perceber não pode ser negligenciada em uma vida definida por condições digitais. Para Christoph Türcke, a sensação é um novo paradigma[3] cuja história precisa ser compreendida. Türcke fala de uma cultura na qual as condições microtecnológicas determinam a experiência. Segundo ele, há um enfraquecimento do que ele chama de "sentido teológico e político daquilo que "necessariamente nos atinge". O processo é "fisioteológico", ou seja, não toca apenas a racionalidade ou a sensibilidade (categorias que tratam o corpo humano de modo dualista), mas o "sentido fisiológico da expressão". Em suas palavras:

> O que atinge, toca e comove é aquilo que, enquanto injeção, agudiza o nosso sistema nervoso e, ainda que seja apenas por um instante, chama a atenção. Sensação hoje, na linguagem coloquial, quer dizer simplesmente "aquilo que causa sensação". Quando a palavra passou do latim para as línguas nacionais europeias, representava bem genericamente a primazia fisiológica do sentimento ou da percepção — sem nenhuma conotação espetacular. E o que é mais notável é que, justamente a alta pressão noticiosa do presente, que quase automaticamente associa "sensação" a "causar uma sensação", não apenas se sobrepõe ao sentido fisiológico antigo de sensação, mas também o movimento de uma nova maneira. Ou seja, se tudo o que *não* está em condições de causar uma sensação tende a desaparecer sob o fluxo de informações, praticamente não sendo mais percebido, então isso quer dizer, inversamente, que o rumo vai na direção de que apenas o que causa uma sensação é percebido.[4]

Se de fato a percepção do que produz sensação se converte na "sensação *tout court*", todos os corpos estão submetidos a ela. A submissão à sensação como forma de excitação é estética e é política. Ela altera o campo do político e do estético, bem como as práticas estéticas e políticas do mundo da vida. O que causa "sensação" é a farsa. A qualidade dessa sensação, por

---

3 "Sob certa perspectiva, o paradigma da sensação é mais 'paradigmático' do que o concebido por Kuhn: não apenas como base de pesquisa de um sistema científico, mas como a base de percepção de toda uma sociedade. Não são apenas as convicções científicas que estão sujeitas à mudança histórica; todo o aparato de percepção, do qual emergem, se transforma — apenas bem mais devagar." Türcke, *Sociedade excitada: filosofia da sensação*, op. cit., p. 85.
4 Ibidem, p. 20.

sua vez, dependerá de fatores ligados às condições culturais dos indivíduos e grupos. A comédia atingirá mais facilmente as massas cujas subjetividades vêm sendo configuradas há muito tempo para as performatividades cômicas e a catarse da indústria cultural. O estilo é o *kitsch*. É nesse sentido que os deputados mais votados nas eleições de países como o Brasil são aqueles que fazem rir, ou que capturam os eleitores pela graça. O próprio Jair Bolsonaro, antes de se tornar um fascista mais sério, era visto apenas como um sujeito engraçado. Muitos intelectuais não acreditavam no seu potencial até pouco antes das eleições. É que há em todo fascismo algo de fictício.[5] A propaganda como máquina de guerra é o campo responsável pelo trabalho de tornar o ridículo em algo "sensacional".

Tendo em vista o rebaixamento da política à publicidade, podemos entender por que certos governantes eleitos na onda dos extremismos de direita não parecem ter competência para governar, mas continuam em ação. É como se estivessem ainda em campanha, em pleno exercício de uma retórica verbal e visual de propaganda, de forma similar à que se pode ver nas manifestações de Trump e Bolsonaro nas redes sociais, mesmo depois de tempo ocupando o cargo. É a lógica da peça comercial, típica da campanha política, que se tornou método. Nessa linha, pode-se definir a política como mercadoria no sentido daquilo que se apresenta como "evento estético"[6] na qual o comercial é "a nova forma de comunicação e de percepção". Somos conduzidos por uma "alta pressão" de informação, que se dá de maneira econômica, estética e fisiológica ao mesmo tempo.

O corpo é atingido através de choques que funcionam como injeções, as quais dominam a existência fisioteologicamente por meio de um circuito em que se manipulam anestesia e vício. O desgaste sobre o sistema nervoso virá tardiamente. Antes o corpo se acostumará ao jogo entre prazer e desprazer e seguirá vivo e, para lembrar Foucault, será um corpo dócil. Por meio da

---

[5] Theodor Adorno, *Aspekte des neuen Rechts-radikalismus*, op. cit, p. 13.
[6] Segundo Türcke, "A apresentação de mercadorias é sempre também um evento estético. Coisas que já vêm ao mundo como mercadoria e, portanto, têm de ser preparadas para o mercado já durante a fabricação são providas de uma superfície brilhante. Com isso a produção de mercadorias traz consigo a necessidade interna de toda uma tecnologia de configuração da superfície." Türcke, *Sociedade excitada*, op. cit., p. 189.

sensação, esse corpo é explorado econômica, física e esteticamente. Türcke nos dirá: "a estetização de todas as relações de produção e de vida é também uma estetização da desapropriação e da exploração".[7] É nesse sentido que os "choques audiovisuais", aplicados aos corpos como "estocadas", fazem "soar a caixa registradora em algum lugar", e ninguém se dá conta de estar sendo explorado, porque estão dependentes das modas, das séries de televisão, das redes sociais.

O abuso sobre o corpo é o próprio motor da economia capitalista. Não devemos esquecer a relação com a história da exploração das mulheres – e o corpo é central nesse processo – como uma exploração "econômica, física e estética" ao mesmo tempo. E esse é o modelo básico de exploração e violência do capitalismo em vigência até hoje.[8]

Da exploração sobre o sistema sensorial, o próprio sistema nervoso, poucos têm a chance de escapar. Um de seus efeitos é a "compulsão para emitir", que se torna comportamento universal. Ela tem a estrutura do vício que se torna tanto banal[9] quanto universal. A docilidade dos corpos se explicita no que Türcke define como a "característica essencialmente conformista do vício: a disposição de uma quantidade colossal de seres humanos de se colocar diante do conta-gotas de uma aparelhagem multimidiática e deixar-se explorar neurológica e esteticamente". Tal afirmação nos ajuda a compreender por que presidentes como Jair Bolsonaro e Donald Trump, e tantos outros personagens do ridículo político, além de todo o seu governo, aplicam choques diários na população, com palavras e atos linguísticos. Tais choques são promovidos pelas redes sociais. Seu conteúdo vem dominar as notícias e a mentalidade cotidiana diariamente. Ações relacionadas à aniquilação de direitos se escondem atrás das manchetes e de cenas diárias de ridiculosidade política, que vem constituir uma nova forma de totalitaris-

---

7 Ibidem, p. 268.
8 Remeto à leitura do livro de Federici sobre a passagem do feudalismo ao capitalismo e o papel da acumulação primitiva do capital sobre as mulheres que se mantém até os nossos dias. Silvia Federici, *Calibã e a bruxa: mulheres, corpo e acumulação primitiva*, São Paulo, Elefante, 2017.
9 Desenvolvi em um trabalho anterior à noção de "banalidade do vício". Marcia Tiburi, Andréia Dias, *Sociedade fissurada: para pensar as drogas e a banalidade do vício*, Rio de Janeiro, Civilização Brasileira, 2012.

mo interiorizada pelos cidadãos, talvez sem chance de ser superada social, estética e politicamente.

O avanço do ridículo político se vale de sua própria naturalização. As massas desprovidas de recursos caem na retórica visual e verbal do ridículo, mas mesmo a perplexidade dos intelectuais e estudiosos diante do fenômeno é uma das qualidades produzidas pelo fenômeno e que constitui sua força. Todos são capturados pelo caráter extasiante da cena. O populismo de extrema direita navega com tranquilidade nessa produção e reprodução do êxtase, o que se deve à sua própria natureza.

A naturalização do ridículo é a maior astúcia do capital na sociedade excitada. O ridículo se impõe como capital e como nova mediação. Não é mais a simples imagem ou a cena, mas a imagem capitalizada por seu excesso, por sua desmedida, por seu potencial de inversão. E tampouco se trata apenas de imagem a que se assiste como ficção ou entretecimento; trata-se muito mais de um êxtase religioso-econômico e político.

24. Fascismo em potencial

O que denomino "fascista em potencial", a partir de uma definição de Theodor Adorno,[1] é um tipo psicopolítico bastante comum em nossa época. Sua característica é ser politicamente pobre, justamente porque é afetiva, reflexiva e linguisticamente pobre. O empobrecimento do espírito não é culpa sua. Ele não nasceu assim. Todo cidadão que adere ao fascismo foi forjado em um contexto social. E esse contexto social não é apenas historicamente concreto, mas também psicopoliticamente complexo.

Adorno se referia a um fascista em estado de prontidão, sempre capaz de sair da esfera da pura fantasia e passar ao ato. Usarei a mesma definição para tratar desse sujeito sem autonomia política e, no entanto, livre, com o qual voltamos a conviver neste momento em todos os cantos do mundo.

O empobrecimento da experiência a partir do empobrecimento da linguagem do qual ele é portador se deu pela perda da dimensão do diálogo, uma perda em termos de convívio com a diferença. O diálogo se torna impossível quando se perde a dimensão do outro. A figura do fascista não consegue relacionar-se com outras dimensões que ultrapassem as verdades absolutas nas quais ele firmou seu modo de ser. Sua falta de abertura, fácil de reconhecer no dia a dia, corresponde a um ponto de vista fixo, que lhe serve de certeza contra pessoas e fatos que não correspondem à sua visão de mundo preestabelecida.

Falta-lhe a dimensão da alteridade, a dimensão do outro. O outro é reduzido a uma função dentro do círculo no qual a subjetividade fascista o

---

[1] Theodor Adorno, Else Frenkel-Brunswik, Daniel Levinson, Nevitt Sanford, *The Authoritarian Personality*, op. cit.

enreda. Talvez como a aranha que vê na mosca apenas o alimento que lhe serve e que precisa ser capturado em uma teia.

O outro, como ser negado, sustenta o fascista em suas certezas. A função da certeza é negar o outro. Negar o outro vem a ser uma prática totalmente antiética, que leva à produção de verdades voltadas à negação do outro. Há um círculo vicioso; desenredar-se dele pode ser impossível, pois em nossa época o desinteresse pela verdade[2] atingiu uma dimensão anormal. E o desinteresse pela ética – que seria o seu correspondente – parece acompanhar tudo isso.

Quando falo em alteridade, está em questão a abertura ao outro. Fechada em si mesma, uma personalidade fascista não pode perceber o "comum" existente entre ela e o outro, entre "eu e tu". A personalidade fascista não forma mental e emocionalmente a noção de algo que possa ser compreendido como "comum", o que se partilha entre seres diferentes. Para que essa noção se estabeleça, dependemos de algo que se dá com uma abertura ao outro, mas podemos ser barrados pelo medo do outro.

O "comum" é complexo, ele é tanto o que se "usa" no jogo com o outro quanto o que se deseja para que um jogo aconteça. Fascista seria o traço daquela pessoa em guerra emocional, verbal e concreta contra laços sociais e que, ao mesmo tempo, sustenta relações autoritárias, relações de dominação e impede o direito do outro à presença e até mesmo à existência. Tudo isso pode ser resumido como etnocentrismo, que é uma forma básica de "racismo" e, a meu ver, de paranoia. Portanto, também seria uma forma de delírio que, às vezes, se transforma em nacionalismo, mesmo que apenas um nacionalismo de fachada, como é o caso de Bolsonaro. No caso específico de Bolsonaro, a servidão a Trump e aos Estados Unidos mostra mais sadomasoquismo do que nacionalismo.

A leitura de *The Authoritarian Personality* nos dá a conhecer aspectos comuns no que Adorno e seus companheiros de pesquisa chamaram de "síndrome autoritária". A chamada "escala F" ou "escala fascista" é uma lista de parâmetros de compreensão do autoritarismo em combinações e

---

2 Harry G. Frankfurt, *On Truth*, Nova York, Alfred A. Knopf, 2006. [Ed. bras.: *Sobre a verdade*, São Paulo, Companhia das Letras, 2007.]

intensidades diferentes no tipo de personalidade tendencialmente antidemocrática. Na visão de Adorno, esses traços estão de algum modo ligados ao etnocentrismo, naquilo que ele explica em termos de uma espécie de desculpa paranoica, ou seja, de uma incapacidade de sair do delírio em cujo centro está o "eu" como um peso e, evidentemente, não como um fato poético. Eis os traços:

1. Convencionalismo (adesão rígida e obediência aos valores tradicionais da classe média, moralismo);
2. Submissão autoritária (às autoridades morais idealizadas do próprio grupo);
3. Agressão autoritária (tendência a estar alerta, condenar e castigar pessoas que não estão submissas aos valores convencionais);
4. Anti-intracepção (oposição à mentalidade subjetiva e sensível e a tudo o que ela representa como amor às artes, ao conhecimento e à ciência, anti-intelectualismo);
5. Poder e dureza (afirmação de força e dureza, preocupação com a dimensão domínio-submissão);
6. Superstição e estereotipia (pensamento a partir de valores rígidos e inquestionáveis, crença no destino);
7. Destrutividade e cinismo (vilipêndio, mal radical, desejo de morte e aniquilação do outro, fake news e maledicência);
8. Projetividade (expressão de impulsos inconscientes);
9. Preocupações exageradas com sexo.

Adorno fará comentários sobre esses traços, e como chegou a eles, na pesquisa feita com grupos de estadunidenses nos anos 1930 e 1940 e publicada em 1950. São traços que aparecem ainda hoje. Podemos considerar que eles continuam presentes na forma do fascismo atual. Meu objetivo não é analisar cada um deles, mas deixá-los expressos para que possamos usá-los – sem rigidez – como categorias de análise no âmbito de nossa reflexão.

O que permanece presente em todos esses exemplos é o ódio e o rechaço ao "outro". O outro deve ser destruído – o que a personalidade autoritária faria, se pudesse, por meio de um ato mágico, o da fala. Um dos prazeres do ódio é a sua exposição, e os discursos de ódio produzem prazer, mas também são efetivados como atos mágicos, com poder de realização. Na verdade, a exposição é a catarse do ódio que gera mais ódio, caso não seja elaborado. O "valor de exposição", de que falava Walter Benjamin,[3] encontra outra função em nossa época, a da compensação emocional, que é, ao mesmo tempo, política. A subjetividade autoritária ou fascista usa o afeto destrutivo do ódio para cortar laços potenciais, ao mesmo tempo que sustenta, pelo ódio, a submissão do outro, em um esquema verdadeiramente sadomasoquista. Por isso, temos a impressão de que os fascistas são todos loucos, porque vivem em transe e em êxtase, expondo-se através de falas que constrangem muita gente, ofendem pessoas com personalidades democráticas e produzem vítimas de preconceitos e crimes, tais como o racismo e a homofobia.

Em nossa época, aprendemos a separar a esfera da moral e da loucura. O objetivo é proteger as pessoas que sofrem de transtornos e doenças mentais. Em Freud, e também em Lacan, não haveria motivo para tornar alguém que tem problemas mentais inimputável, um sujeito livre de responsabilidades. Por isso, eu gostaria de trazer mais uma questão para pensarmos o fascismo. De fato, não podemos dizer que os fascistas sejam loucos. Ou melhor, que sejam apenas loucos. Mas a loucura pode ser uma categoria de análise válida para compreender a política.

O comentário de Adorno, em um texto do final dos anos 1960, sobre a extrema direita, acerca de um "resíduo de incorrigíveis ou de loucos, uma *lunatic fringe*"[4] que não consegue se desvincular do sistema autoritário, parece fazer todo o sentido para compreender o momento atual. Que tipo de sujeito psicopolítico seria esse que não pode suportar regimes democráticos? Podemos voltar a falar de seu "eterno retorno", de um recalcamento que vem à tona tanto em termos históricos quanto psicanalíticos, mas a ideia mais filosófica de que os movimentos fascistas sejam uma ferida, uma cicatriz na democracia que nunca esteve à altura do seu próprio conceito, parece-me a

---

3 Walter Benjamin, *Work of Art in the Age of Its Technological Reproducibility, and Other Writings on Media*, Boston, Harvard University Press, 2008. [Ed. bras.: *A obra de arte na era de sua reprodutibilidade técnica*, Porto Alegre, L&PM, 2018.]
4 Theodor Adorno, Else Frenkel-Brunswik, Daniel Levinson, Nevitt Sanford, *The Authoritarian Personality*, op. cit., p. 17.

pista que devemos seguir. É justamente por isso que o fascismo pode voltar, porque a democracia não se consolidou. Porque há personalidades disruptivas que nunca puderam se conectar com a democracia. Mas o que fazer com esses casos? Como educar uma pessoa para a democracia? O fascismo que retorna é uma prova das falhas relacionadas à democracia. Ao refletir sobre isso, talvez venhamos a descobrir que a democracia é um processo dinâmico, que ela precisa ser reconstruída a cada dia, que ela depende de gestos individuais, coletivos, legais e estatais, e que somente assim alcançaremos a política que desejamos como seres democráticos que almejamos ser.

A função das falas e dos atos perversos sempre expostos é certamente salvaguardar a emoção fria do líder, sem a qual ele desmoronaria. O teatro fascista, ou o ambiente performático ao seu redor, implica a exposição, o ritual, o transe, o êxtase. É como se todos devessem entrar na loucura, participar da articulação demencial, do sistema da loucura [*Wahnsysteme*[5]] em torno do líder. A massa precisa de um foco em sua atuação sadomasoquista: cada um deve ser submisso ao líder e agressivo com o "inimigo". Reproduzindo essa lógica, os líderes que comandam as massas têm sucesso garantido. Olhando de fora, todos parecem loucos em um sentido genérico do termo loucura. Todos são levados ao delírio devido a operações publicitárias, como em uma liquidação de mercadorias nas Black Fridays.

O culto da personalidade é fundamental para a manutenção do delírio no qual o sujeito perverso se mantém coeso. Dar visibilidade ao seu agente faz parte disso, porque o líder fascista não sobrevive sem a confirmação de si mesmo a partir de um lugar externo. Em seu narcisismo delirante, ele precisa do espetáculo tanto quanto o seu partido. O sentimento de inexistência de uma personalidade autoritária é proporcional ao seu grau de autoritarismo. Narciso não é apenas alguém que ama demais a si mesmo, mas alguém que precisa de espelho para se reconhecer. Em seu fundo, uma subjetividade marcada pela identificação primitiva com o "mesmo" e sem lugar para o "outro". À massa que lhe dá a existência, o líder dá o sangue ou a cabeça do inimigo como em outras épocas. Assim, Trump oferece o sangue dos mexicanos, inclusive das crianças, como fazia um imperador romano. As

---

5 Ibidem, p. 26.

personalidades democráticas sofrem, as autoritárias se regozijam e o líder perverso segue no seu lugar de poder.

Como personalidade autoritária, o fascista é um sacerdote do convencionalismo que pratica o autoritarismo como religião – e muitas vezes a religião como autoritarismo – e usa falas prontas que sempre convergem para o extermínio do outro, seja o outro quem for.

25. Regime de pensamento autoritário

Não existe política sem práticas linguísticas. Elas acabam por construir e reconstruir ou por destruir a política. O diálogo gera a política. O ódio rompe com o diálogo e gera a antipolítica. A política em si mesma é a "dialogicidade". Ela não deve ser reduzida ao teatro do jogo de poder a que assistimos hoje e que explica por que tanta gente detesta política. Essa diferença entre a verdadeira política e o jogo de poder corresponde à prática do diálogo, ou à sua ausência. Na ausência de diálogo e no avanço do jogo de poder, o autoritarismo vem a ser praticamente um efeito lógico. A guerra de todos contra todos é uma potência da política que só é contida se limites democráticos forem respeitados.

Por "autoritarismo" designamos um modo antidemocrático de exercer o poder, que se expressa em palavras e atos. A centralidade da autoridade é o atributo ou a característica de um governo, de uma cultura, ou até mesmo de uma pessoa que exerce o poder autoritário. O autoritarismo é a negação da alteridade, da dimensão do "outro". Nele não há diálogo, porque essa dimensão foi apagada. Diálogo e participação coletiva em decisões são impensáveis no espectro do autoritarismo que se define pela imposição à força de leis que interessam a quem exerce o poder, donos dos meios de produção da linguagem, dos bens e do capital, exploradores das terras e dos corpos. O outro, seja uma pessoa concreta, seja o povo, seja a sociedade, seja outras formas de cultura ou a natureza, é manipulado em contextos de autoritarismo, quando não violentado, tanto física quanto simbolicamente, para servir a ele.

É importante perceber que por trás da postura autoritária há um regime de pensamento. Uma operação mental que, em sentido amplo, se torna paradigmática agindo sobre o próprio corpo e a dimensão do outro. O regime de pensamento autoritário exerce sua vigência contra a ciência, a arte, a cultura como um todo e impera no âmbito do senso comum.

O autoritarismo como regime de pensamento poderia ser superado por um regime de pensamento democrático. Não o pensamento sobre a democracia, mas uma operação mental em si mesma democrática. Em ambos os casos, trata-se de modos de pensar, de ver o mundo e de um específico uso da linguagem que se efetiva em ações que afetam o mundo, a sociedade, as pessoas, a natureza. A postura dialógica que implica interiorização e busca pelo outro, que implica curiosidade e capacidade de empatia e compaixão, é o seu fundamento.

A operação autoritária do pensamento está profundamente arraigada em tudo o que fazemos e parece fortalecer-se em certas épocas. É importante prestar atenção nesse aspecto dessa operação, a saber, o apagamento da função "oblativa" (a função do outro) e também em relação ao tempo e à história. Personalidades autoritárias tendem a detestar a história e a negá-la, ao mesmo tempo que criam mitos relacionados ao passado. Criam também mistificações e falácias relacionadas ao presente, nas quais o outro tem uma função, a de ser o inimigo que maltrata. Não apenas o inimigo como algo indesejável, mas em um jogo astucioso de nossa época, o inimigo como um opressor. Pode parecer incrível, mas há uma vitimização fascista em curso. Racistas e machistas sempre se queixam de estarem sendo vítimas de preconceitos criados pela luta antirracista e pelas feministas, que voltaram a ser tratadas como "bruxas". Tudo isso faz parte do avanço da mentalidade autoritária, que, no seu extremo, se transforma em expressão fascista.

Curioso é que a figura do fascista em potencial, ao agir contra o outro, age contra um fantasma. Na verdade, seu ódio é flutuante. Ele odeia de maneira intransitiva. Ele odeia concretamente algo que falta. Odeia fantasmagoricamente. O inimigo que anima os discursos sobre os quais vários intelectuais já disseram tantas coisas é uma fantasia necessária. Ele é justamente aquilo que existe não existindo. Tem a dimensão de um fantasma, como uma espécie de roupagem que deve servir ao próximo quando atuar em nome dessa fantasia na mente projetiva do fascista em potencial.

A operação do pensamento autoritário é infértil e rígida, ela se contenta em repetir o que está dado, pronto ou resolvido (mesmo que apenas aparentemente). O outro (seja o povo, seja o próximo, seja a cultura alheia, seja a natureza ou a sociedade, seja o outro como uma "voz" que não se quer ouvir) é apagado no processo da linguagem. Nesse processo, aquele que se constituiu como "sujeito autoritário" pensa a partir de falas prontas, de clichês que ele toma como seus, mas que são introjetados desde fora dele.

Descartes foi criticado duramente por ter falado de quatro regras do método,[1] as quais parecem limitar o alcance do conhecimento e restringem a compreensão sobre sua produção. Mas hoje, no tempo da internet, sobretudo das redes sociais com seu fluxo de informações ininterruptas, o tipo de pensamento baseado na estrutura do "copia e cola" se tornou um novo tipo de "método". Podemos dizer que há basicamente duas regras em funcionamento na sociedade digital: copiar e colar. Assim, com apenas dois movimentos, dá-se o ato digital que caracteriza a forma de ser e de agir no cotidiano virtual da internet.

No que consiste esse método do "copiar e colar"? Em falar por falar, sem pensar no que se diz; repetir o que se diz na televisão (método mais usado em classes culturais menos intelectualizadas), nas redes sociais; compartilhar conteúdo sem ler, o que se assemelha a "comprar com um clique". Em todos esses casos, agimos no vazio. Estamos na mera reprodutibilidade da informação, que nada quer dizer para nós que agimos em sua direção. O consumo é justamente esse fazer vazio. Fugimos do pensamento analítico e crítico pelo vazio consumista da linguagem e da ação repetitiva. Fugimos do discernimento que o pensamento analítico e crítico exige. Caímos no consumismo da linguagem.

A violência é experimentada, provocada e sofrida no dia a dia das pessoas, das mais diversas formas. Na prática, a violência é algo banal, ou seja, é comum e partilhada. O que chamamos de "violência simbólica"[2] está entre nós, entrelaçada de modo perigoso com a violência física. Isso quer dizer que nos atos físicos de violência de gênero, raça, idade, classe social há sempre violência simbólica. Mas toda violência simbólica pesa materialmente.

---

[1] René Descartes, "Discours de la Méthode", in Œuvres complètes, III: Discours de la Méthode/Dioptrique/Météores/La Géométrie, Paris, Gallimard, 2009. [Ed. bras.: Discurso sobre o método, Petrópolis, Vozes de bolso, 2018.]
[2] Pierre Bourdieu, O poder simbólico, Rio de Janeiro, Bertrand, 1992.

A agressividade verbal é uma forma conhecida de violência simbólica. Fofoca e difamação também fazem parte dessa violência que se faz com palavras e atos de fala, mas em uma escala que não parece tão perigosa na maior parte dos casos. Falar é fazer, mas pensamos pouco nesse aspecto.

Quando a violência da fala chega à comunicação, que, em escala institucional, atinge os meios de comunicação de massa, o perigo se intensifica. Jornalistas com amplo espaço na televisão falam de modo agressivo e irresponsável em gestos de claro fomento ao ódio. Extrapolando limites éticos, o que apresentadores de televisão fazem é estabelecer elos – os vínculos afetivos de que falava Freud – com a "voz" de muitas pessoas. Isso quer dizer que preconceitos pronunciados na tela da televisão e do computador encontram nexos diretos com o que é pronunciado em casa, na esfera da vida privada. Daí o lugar especial em nossa cultura contemporânea de plataformas como Facebook – onde qualquer um se faz de "formador de opinião" –, que estremecem os limites do privado e do público. Ali, o que se diria em escala privada é dito em escala pública e passa a ter validade política.

Mas há uma continuidade entre os atos de fala e as violências físicas, porque nossos atos são efeito do que pensamos. Nossos atos de fala provocam efeitos subjetivos e objetivos. Podemos pensar que todos somos capazes de fofoca, de maledicências e, bem pagos, alguns seriam capazes até de fazer jornalismo sem ética. Até que ponto vai a capacidade de praticar violência? Essa é uma pergunta que devemos nos fazer hoje em dia.

Aquele que fomenta verbalmente a violência trabalha na formação da violência simbólica. A banalização da violência significa que todos se consideram autorizados a praticá-la. Os diversos casos de violência em nível de barbárie, vividos em todo o mundo nos últimos tempos, confrontam-nos com uma sociedade que não se preocupa com a própria violência. Nesse campo entram os meios de comunicação controlando o modo de pensar e, portanto, de agir das pessoas, para que elas aceitem a violência como algo inevitável e até mesmo divertido. E, na condição de reprodutores de mensagens, cada uma participa disso.

Sabemos que a destruição da sociedade se dá na destruição da subjetividade das pessoas. Há máquinas destruidoras de subjetividades, máquinas de esvaziar pessoas, elas são os aparatos dos meios de comunicação de massa:

televisores, computadores, aparelhos celulares. São como armas com as quais não se deve brincar. São dispositivos que podem se converter contra seus próprios usuários. Em regimes autoritários cada um deve ser aniquilado como pessoa. Cada um precisa ter perdido a si mesmo, em outras palavras, deve desistir de si mesmo para poder sentir que a vida do outro não vale a pena e que deve ser aniquilada de qualquer modo. A lógica do fascismo é a violência em estado puro: ou ele, ou eu. A personalidade autoritária é aquela que se entrega ao ato de atirar a primeira pedra, porque está iludida de que, a partir desse gesto, a sua vida pode valer alguma coisa. Não há futuro para uma sociedade cujo pensamento comum é este. Esse pensamento está no cerne da avareza capitalista.

Como mudar esse estado de coisas? Vejamos a questão da televisão que funciona como um aparelho do qual somos "funcionários".[3] Em muitos países do mundo, a televisão substituiu os livros e outras formas de comunicação. As grandes emissoras de televisão sempre estão envolvidas com os golpes de Estado. As Igrejas neopentecostais compram redes de televisão e rádio pelo mundo afora. Isso não quer dizer que pessoas que assistem à televisão não leiam livros, mas quer dizer que existe uma cultura em que a televisão tem um poder tão incrível que dispensa outras experiências intelectuais. Esse é o caso do Brasil. Uma sociedade forjada na televisão. Uma sociedade abandonada às telas. Mas não nos enganemos, a televisão é uma experiência estética e intelectual, uma experiência de conhecimento, só que altamente marcada pelo empobrecimento da linguagem. O computador e o telefone celular imitam a televisão na capacidade de aprisionar os sentidos pela tela, de produzir dependência sensorial nas pessoas como fazem as drogas. Por isso, refletir sobre o seu papel é tão fundamental. Se a produção da personalidade depende dos meios de produção da linguagem, na era dos meios tecnológicos é preciso compreender as tecnologias por meio das quais essa personalidade – ou essa subjetivação autoritária – é produzida. Se a racionalidade técnica é a mesma da dominação,[4] os meios técnicos precisam ser mais bem compreendidos.

---

3 Vilém Flusser, *Filosofia da caixa preta*, op. cit.
4 Theodor Adorno e Max Horkheimer, *Dialética do esclarecimento*, op. cit.

A televisão opera a partir do mais primitivo dos nossos sentimentos: a inveja. Na verdade, a inveja é uma postura que se opõe à gratidão.[5] A inveja é autoritária, a gratidão é democrática. A metáfora do "olho de vidro"[6] nos ajuda a explicar o lugar da televisão como "prótese de conhecimento" e, nesse sentido, meio de dessubjetivação. Digamos que o objeto que é um "olho de vidro" nos apresenta a estrutura da inveja. Ele é um olho que devora, ao mesmo tempo que é um olho que não vê. Por trás do olho de vidro não há uma visão real. Ele é um olho cego que serve à aparência e que funciona como prótese visual. A televisão é uma prótese visual também, e tem uma função puramente estética, de entretenimento, e uma função de conhecimento, que esconde seu caráter de enganação.

A inveja é um tipo de desejo impotente. O invejoso olha para o invejado e se sente menor, daí a sua raiva, o seu rancor, o seu ressentimento. Ele gostaria de ser o outro, mas não é possível. Ele não pode desejar, porque a inveja é uma postura anterior ao desejo e que permanece ativa justamente porque não se transformou em desejo.

O telespectador é aquela pessoa que é orientada à inveja, não ao desejo. Qual a diferença entre eles? É que a inveja faz você imitar o outro enquanto o desejo permite a você se inventar. O invejoso não quer ser uma pessoa singular. Em vez de olhar para seu corpo, sua roupa, seu trabalho, sua vida em geral como se fosse uma obra de arte a ser construída, ele se olha como um erro que só pode ser consertado por imitação de um modelo. É esse modelo que ele inveja. Então ele o imita.

A imitação ativa o consumo, pois as pessoas compram movidas por ordenamentos publicitários. Comprar, aliás, já é um ato de imitação. Compra-se o que todos compram. Assistem-se aos filmes e às séries de televisão a que todos assistem. Há uma obediência ao imperativo publicitário de fazer o que todos os outros fazem. "Desejo de audiência" é o nome desse processo de imitação que é o mecanismo social da inveja. Sendo parte da audiência, as

---

[5] Sugiro a leitura de um livro de Melanie Klein chamado *Envy and Gratitude and other works 1946-1963* (Vintage Classics, 1996). [Ed. bras.: *Inveja e gratidão e outros trabalhos*, Rio de Janeiro, Imago, 1991.]

[6] Desenvolvi melhor essa ideia em um livro chamado *Olho de vidro, a televisão e o estado de exceção da imagem* (op. cit.)

pessoas se sentem integradas, do mesmo modo como quando fazem parte de uma rede e agem conforme as potencialidades da rede.

A tela da televisão é uma vitrine a vender sentimentos, ideias e a administrar nosso comportamento. Distração é um tipo de relaxamento político, ao mesmo tempo que promove excitação para o consumo. Nesse sentido, a televisão é uma prótese também dos sentimentos. Ou seja, ninguém precisa sentir outra coisa senão o que o aparelho e a programação que ele transmite propõem sentir. E se a programação incita o ódio e o medo, como nos programas em que a violência é espetáculo, então seremos capazes de consumir também seus antídotos, os seguros de vida, as armas e todos os tipos de mercadorias que sustentem o narcisismo contra o pavor da alteridade.

26. Consumismo da linguagem

O autoritarismo é um regime de pensamento que afeta o conhecimento. Ele se instaura em termos ético-políticos, mas também estéticos. Quer dizer, no âmbito da formação pessoal, das relações sociais, mas também no modo de vida elaborado nos termos de um estilo de viver destrutivo e capaz de acobertar a sua própria destruição. Nesse sentido é que podemos falar de um regime de pensamento democrático essencialmente oposto ao regime de pensamento autoritário e que eles se articulam em uma economia política da linguagem pela qual temos acesso ao pensamento.

Como visão de mundo, o autoritarismo é fechado ao outro. Ele opera pelo discurso e pela prática, que se organizam ao modo de uma grande falácia na qual o pensamento é, na verdade, produção de ausência ou, para usar a famosa expressão de Hannah Arendt, de "vazio de pensamento". Um pensar autoritário que combate a liberdade e a expressividade do pensamento. Isso se consegue no fomento ao clichê – na manutenção e repetição do pensamento pronto –, aquilo que podemos chamar também de pensamento publicitário. Neste último, apresentam-se certezas sedutoras e inquestionáveis.

O pensamento publicitário pretende agregar consumidores de ideias prontas ou que possam se transformar em mercadoria. O consumo de linguagem é o seu objetivo. Assim, tudo é linguagem para consumo: a moda, o corpo, a arquitetura, a arte e até mesmo a filosofia.

O âmbito da verdade – como desejo de descortinamento – é algo que está fora do jogo do poder publicitário, do que seria uma ordem do discurso publicitário. O mesmo se dá no âmbito da ação que podemos chamar de "pseudoação", a ação repetitiva, a ação pré-programada, tal como é a do consumismo.

Pensamento e ação se enlaçam e se organizam ao modo de um complexo imperativo teórico-prático, portanto, um modo obrigatório de pensar e agir, de alto impacto performativo: o outro não existe, e se existir deve ser eliminado, passar de sua condição de "qualquer um", de "alguém" à condição de "ninguém". Lembremos aqui do excurso sobre Ulisses, da *Dialética do iluminismo*, no qual Adorno e Horkheimer analisam o encontro de Ulisses e o ciclope Polifemo,[1] para pensar na forma como a linguagem é deturpada ou usada ardilosamente na direção do aniquilamento do outro. O capítulo analisa a astúcia de Ulisses para escapar de Polifemo, que já havia devorado a tripulação e pretendia fazer o mesmo com o herói. No entanto, Ulisses engana Polifemo pronunciando o próprio nome, "Odisseus", fazendo-o soar semelhante a *"Oudeis"*, ou seja, "Ninguém". Ulisses usa essa estratégia para enganar o ciclope e furar seu único olho. Ao dizer "meu nome é Ninguém", Ulisses nega sua própria identidade, mas burla o gigante e consegue sair pendurado na barriga de um carneiro, enquanto esse é acariciado pelo ciclope, um ser primitivo e meio bobo. Ao entrar na embarcação, já a salvo, Ulisses não aguenta manter o segredo e grita seu nome verdadeiro ao gigante ferido, revelando o que acabara de fazer. Assim, confessa sua maldade e sua astúcia. Mas confessa porque temia perder a si próprio ao fazer vacilar sua identidade. Ulisses é, segundo os autores da *Dialética do esclarecimento*, o protótipo do indivíduo burguês que precisa rir do outro, humilhar e rebaixar o outro para sustentar sua identidade. Não é ainda o fascista autoritário que tudo destrói, mas há nele a mesma semente da racionalidade instrumental que, segundo os filósofos da Escola de Frankfurt, levará ao fascismo.

Se o que Ulisses faz é falsear a linguagem, reduzindo-a conforme suas necessidades, essa seria o princípio da violência epistemológica que, nessa cena da Odisseia, regeria o encontro entre o burguês e o não burguês que existe até hoje? Avançando um pouco a estratégia de falseamento, já na seara do fascismo, podemos dizer que Ulisses quis transformar o ciclope em um imbecil. Os fascistas tratam a todos como idiotas, como incapazes, e assim conseguem manter sua própria identidade.

---

1 "Ulisses diz a Polifemo: 'Meu nome é Ninguém!' Quando, embriagado e ferido, o ciclope chamar por seus amigos, explicará: 'Ninguém me feriu!' – Seus irmãos responderão: 'Pois então ora aos deuses, já que não há nada a fazer'." Theodor Adorno e Max Horkheimer. *Dialética do esclarecimento*, op. cit.

Ora, o que faz a publicidade senão reduzir pessoas e cidadãos a zés-ninguém? A publicidade usa o princípio da humilhação contra as pessoas, cada um é humilhado na condição de cidadão infantilizado, ingênuo, incapaz de perceber o jogo retórico de que é vítima. O que faz o neoliberalismo – e o machismo e o sexismo, e a homofobia e o racismo –, senão apagar o outro em seu direito de ser quem ele é? Essas posturas – ou imposturas – poderiam sobreviver sem a sua eterna propaganda? Sem seu estado de propaganda, que é também estado de prontidão para a ação, inerente a essas práticas?

O reducionismo se dá por atos verbais e não verbais, mas também por atos relacionados à produção de imagens. O consumismo da linguagem é efeito de uma sociedade na qual a imagem se transformou em capital, e as palavras não têm valor como meios de reflexão. É a própria comunicação que está aniquilada.

Um dos traços da cultura atual é a proliferação de textos, ideias e opiniões. Emitir informação particular tornou-se um gesto compulsivo desde a invenção da internet e, mais ainda, das redes sociais. Podemos dizer que vivemos hoje nos excessos da linguagem, proliferando e replicando tudo o que surge diante de nós. Se, como afirmava Wittgenstein, os limites do mundo são os limites da minha linguagem, então, há pessoas que devem acreditar que, pela quantidade, nos tornamos grandes pessoas vivendo em mundos muito vastos.

Nem sempre há critérios na realização de nossos atos de linguagem. Falamos muito e pensamos pouco no que dizemos. Por um lado, talvez estejamos pensando rápido demais; por outro, talvez estejamos confiando demais nos pensamentos prontos que nos vão servindo enquanto não encontramos pensamentos mais cuidadosos. No meio dos emaranhados da linguagem nos quais nos enredamos, perdemos a chance de compreender por que pegamos a primeira explicação no mercado das ideias que nos aparecem como que expostas em prateleiras de ofertas.

Seguimos deixando de lado a potencialidade de compreender. O que já está explicado nos serve bem. Enquanto isso, na democracia dos afetos, uma angústia está sendo partilhada entre nós. Como toda angústia, ela não tem um rosto definido. E isso apenas causa mais e mais angústia. Uma angústia que contamina tudo o que se diz sem que, ao mesmo tempo, se possa saber exatamente o que ela quer dizer. Não é incomum a sensação de que, em meio a tanta coisa já falada e ainda sendo dita, não se tenha muito mais o que dizer e que, por isso mesmo, se deveria tentar dizer alguma coisa nova ou calar-se de vez. Resvalar na própria intenção e dizer qualquer coisa é, no entanto, muito mais fácil. Há um prazer em falar que não se compara ao prazer de se calar, atualmente bem enfraquecido. É claro que em uma sociedade em que se controlam e se administram os prazeres, fomenta-se a falação, e não o silêncio. O barulho serve a muita coisa, sobretudo à geração do vazio do pensamento.

    Produzir o vazio do pensamento, e o vazio das próprias emoções que levam a falas em si mesmas vazias, faz parte do projeto de sociedade atual. É complicado dizer "projeto de sociedade", porque a sociedade, esse todo auto-organizado, parece justamente não projetado e sustentado no vazio. A vontade de dizer sem ter nada a dizer vem a ser um retrato de como estamos socialmente perdidos nesse vazio coletivizado e democratizado. Há vacuidade para todos. Sentimo-nos perdidos em um grande desencontro orquestrado pela racionalidade técnica, que é a racionalidade da dominação.

    Nesse vazio geral não sabemos também a quem endereçar nossos dizeres. Falamos sozinhos nas redes sociais, esperando que alguém nos leia. Essa falta de lugar combinada com a compulsão por dizer gera desastres. Os afetos que constroem um clima caótico são os mesmos que levam a um clima odioso entre nós hoje. Estes últimos soam absurdos. Falas odiosas generalizadas na indústria da desinformação e da difamação são usadas contra alvos específicos, mas muita coisa é dita sem que tenha endereço de destino. Nas redes sociais, as pessoas esperam por esse "qualquer um" que esteja pronto a receber a violência.

    O sujeito da fala preconceituosa pode ser o machista, pode ser o racista, pode ser o homofóbico, o xenófobo. Palavras viram armas. O preconceito é um tipo de injustiça que se expõe pela linguagem, mas também se cria por meio dela até o limite do crime. É nesse sentido que se pode dizer que pronunciando preconceitos estamos fazendo alguma coisa muito grave, que vai além de descumprir as leis. Pois que se coloca no mundo um tipo de pensamento, de afeto por meio da fala, que destrói o espírito.

    Se levarmos em conta que falar qualquer coisa está muito fácil, que falamos em excesso e falamos coisas desnecessárias, que emitimos e repetimos mensagens por compulsão, um novo consumismo emerge entre nós, o consumismo da linguagem. O problema é que ele produz, como qualquer consumismo, muito lixo. E o problema de qualquer lixo é que ele não retorna à natureza como se nada tivesse acontecido. Ele altera profundamente nossa vida em um sentido físico e mental. O que se come, o que se vê, o que se ouve. Em uma palavra, o que se interioriza, vira corpo, torna-se existência.

27. Paranoia e êxtase

O sujeito autoritário, em um sentido *lato*, é um tipo paranoico. Em *Totem e tabu*,[1] comparando registros e campos de produção humana, Freud dirá que a histeria é como uma obra de arte do mesmo modo que a neurose obsessiva é como uma religião. Relativamente à ideia de um sistema, Freud aproximou paranoia e filosofia. Mas enquanto a cultura é a excelência da produção espiritual humana, a doença é o seu fracasso. Isso explica o sucesso que certos charlatães fazem hoje na cultura brasileira, usando a palavra "filosofia" para arregimentar exércitos de pessoas atingidas pela condição paranoica. A paranoia implica um delírio, mas, devido ao seu alcance, ela é hoje uma condição – no mesmo sentido que Hannah Arendt falou de "condição humana". Absolutamente desprovida de qualquer um dos seus sentidos históricos ou atuais, a palavra "filosofia", usada por certos personagens que se autoproclamam filósofos, poderia ser substituída simplesmente por "paranoia".

Para Freud, a paranoia é um tipo de defesa, ou seja, um tipo de distúrbio ligado à representação nos primórdios da formação do sujeito na infância. Na paranoia, há algo que é negado por seu caráter insuportável. No caso, a homossexualidade, entendida como uma identificação inevitável e proibida, que não pode aparecer, sob pena de destruir o sujeito da paranoia. O mecanismo do recalcamento implica jogar para longe, psiquicamente falando, o conteúdo insuportável. Mas não se pode apagar a história subjetiva que se acumula em nível inconsciente. Ela retorna.

---

[1] Sigmund Freud, *Totem und Tabu*, Frankfurt am Main, Fischer, 2013. [Ed. bras.: *Totem e tabu: contribuição à história do movimento psicanalítico e outros textos*, São Paulo, Companhia das Letras, 2012.].

É nesse cenário que se situa o famoso caso da fantasia de Daniel Paul Schreber, personagem sobre quem Freud escreveu um dos seus estudos mais importantes. Sua fantasia era a de se tornar a mulher de Deus. Deus, nesse caso, é o álibi de tudo o que ficou mal resolvido na pré-história da vida subjetiva. A paranoia de Schreber continua viva entre nós, na época do neopentecostalismo autoritário.

Não é por acaso que Deus volta à tona hoje nos fascismos contemporâneos promovidos por Igrejas neofundamentalistas. O golpe de Estado na Bolívia, no qual a burguesia branca local – que não é branca na escala racista do mundo – depôs Evo Morales, um líder indígena eleito democraticamente para seu terceiro mandato. Podemos dar o nome de "ultraburguesia" à classe econômica e ideológica que detém o dinheiro do mundo e de "medioburguesia" a essa burguesia que aplica os golpes preparados por governos e corporações que servem ao capital. As diversas classes sociais se engajam no processo ideológico (teórico e prático) que leva aos golpes. Seu objetivo é sempre o poder.

A participação dos setores neopentecostais no golpe contra Evo Morales foi evidente. Deus tem feito um papel importante como álibi da religião e da burguesia paranoicas. No entanto, devemos nos perguntar, o que permite que as pessoas se engajem na dimensão paranoica? Há a construção de uma cena que tem o objetivo de realizar a catarse em quem for capturado por ela. A função da catarse na Igreja e na política contemporâneas – instituições que se confundem cada vez mais no Brasil e na América latina – não é mais a antiga purificação, mas o êxtase.

O êxtase é o que se alcança no momento de um vínculo emocional imediato. É o que faz com que as pessoas se entreguem à massa. É o êxtase que permite o vínculo "psicoteológico" e também o vínculo "teofisiológico".[2] É a emoção que se encontra nas passeatas, nos estádios de futebol, nos shows musicais que permite a sensação de pertença. A Igreja fornece isso aos pobres. O desejo de fazer parte de uma audiência – que mantém pessoas diante da televisão, que manipula o cinema na atualidade – seria também uma versão religiosa dessa tática do capitalismo, que não deve dizer seu nome

---

2 Christoph Türcke, *Sociedade excitada: filosofia da sensação*, op. cit.

para não quebrar o feitiço. O êxtase é a sensação de vínculo com algo de transcendental em um mundo sem Deus, mas cheio de telefones portáteis garantindo "conexão total" o tempo todo com a internet. O celular é um órgão religioso hoje, e a internet, a única transcendência possível.

Por isso, as Igrejas apostam há tanto tempo no êxtase, pelo menos desde o período barroco.[3] Desde o movimento carismático da Igreja católica, até as cerimônias de exorcismo das Igrejas neopentecostais brasileiras, espalhadas pelo mundo como empresas multinacionais, o que vemos é o êxtase. O neoliberalismo promete o êxtase pela mercadoria. Não é por acaso que o nome de uma droga sintética hoje muito comum entre jovens seja "ecstasy". É a felicidade possível.

Por que os indígenas conseguem se manter fiéis a Evo Morales e não sucumbir a uma mulher que se autoproclama presidenta? Porque há deuses diferentes em jogo. O lugar estratégico de Deus na ação política retorna. No golpe de Estado da Bolívia, vemos a ausência de um pacto entre grupos que estão em guerra desde o início das invasões e a tentativa das elites econômicas de, mais uma vez, massacrarem os povos originários, como fizeram há cinco séculos. A Igreja continua com a mesma velha tática: usar Deus para provocar o êxtase das massas fascistizadas. Mas nem todas as massas se deixam levar.

Um sujeito paranoico, não importa que lugar ele ocupe no sistema do poder que une a todos, tem uma espécie de orgulho de seus pensamentos, como se fossem verdades teológicas que somente ele detém. É isso o que vemos no Schreber de Freud. Seu sistema "psicoteológico"[4] envolvia uma complexa trama de poder entre familiares e a solução fantasiosa na figura de Deus.

O orgulho de si, um narcisismo patológico que define a forma de ser dos sujeitos paranoicos, torna-se coletivo no fascismo. Não é mais apenas

---

3 Lembremos da escultura *O êxtase de Santa Teresa* (ca.1650), de Bernini, que apresenta justamente esse espírito entre o erótico e o teológico.
4 Sigmund Freud, "Psychoanalytische Bemerkungen über einen autobiographisch beschriebenen Fall von Paranoia (Dementia paranoides)", *Gesammelte Werke*, Bd. 8, *Werke aus den Jahren 1909-1913*, Frankfurt, 1998b, p. 254. [Ed. bras.: *Observações psicanalíticas sobre um caso de paranoia relatado em autobiografica (O caso Schreiber), Freud (1911-1913): obras completas*, vol. 10, São Paulo, Companhia das Letras, 2010.]

o orgulho de uma ideia, mas o orgulho de fazer parte de um todo. Esse tipo de aspecto é potencializado nas redes sociais. As redes sociais são espaços em que cada paranoia pode ser expressa com liberdade, justamente porque há lugar para ela. Ela é desejada dentro do sistema, ela compõe o sistema.

No mundo virtual, criar o vínculo imediato e entrar em patamares diferentes de êxtase é muito fácil. A vinculação de cada um permite a construção do sistema do poder. Toda pessoa autoritária se sente meio sacerdote de alguma causa, em alguma medida, e se sente livre para afirmá-la publicamente, sobretudo se essa causa é Deus ou o que se confunde com ele: o capital.

As falas autoritárias são como cacos – ou clichês – colados à força para formar uma imagem sobre o mundo ao redor. Elas têm a pretensão da objetividade, de apresentar algo que está de antemão, na ficção do autoritário, dado como já conhecido.

A operação propriamente dita do conhecimento que se entrega à novidade do objeto é, na perspectiva do regime de pensamento autoritário de uma pessoa paranoica, desnecessária. Em outras palavras, podemos dizer que o sujeito autoritário pergunta e responde a si mesmo a partir de um ponto de vista previamente organizado, no qual, a cada momento, o outro precisa ser descartado. O outro é o que é recalcado na paranoia individual e coletiva. Como se não existisse outro ponto de vista, outro desejo, outro modo de ver o mundo, outra religião ou outro time de futebol, o que se apaga é o outro que vem acionar o sistema do medo. Diante de um sistema em que as verdades estão dadas, a pesquisa e a investigação, ou o simples gesto de ler um livro, ou escutar uma pessoa, são impossíveis. Diálogo é uma operação linguística – afetiva/mental – que implica o outro, mas ela é impossível para um paranoico, porque, no extremo, ele sabe de antemão o que todos pensam, e cada um se torna previsível.

28. Carência cognitiva

Realizamos uma operação mental relacionada ao outro quando falamos de conhecimento. Isso porque conhecimento é gesto cognitivo na direção do outro, do novo, do diferente; em uma palavra, do desconhecido. O autoritarismo inventa o outro para poder fazer uso dele e também destruí-lo. Nesse sentido, o que chamamos de conhecimento não acontece de fato no regime de pensamento autoritário. Nele, o conhecimento é máscara sem rosto. O que chamamos de ideologia, o ofuscamento das indesejáveis verdades sociais, tem relação direta com esse processo de mascaramento por meio da invenção de um outro a ser odiado. Uma operação de projeção está em funcionamento na construção dos inimigos.

O conhecimento não pode ser concebido fora do seu registro ético-político. Se o registro do conhecimento funciona pela negação do outro, o conhecimento é negação de si mesmo. A rigor, não é conhecimento. Sem o outro, o conhecimento morre. O enrijecimento é a prova da morte do conhecimento que se tornou cegueira ideológica. A ideologia é a redução do conhecimento à fachada, é sua máscara mortuária. O conhecimento, que deveria ser um processo de encontro e disposição para a alteridade que o representa, sucumbe à sua negação. Daí a impressão que temos de que uma personalidade autoritária é também burra,[1] pois ela não consegue entender o outro e nada que esteja em seu circuito.

---

1 A burrice não é uma categoria desprezível, mas um tema filosófico ligado ao campo da moral e da psicologia. A burrice se torna uma questão em autores como Immanuel Kant em seu *Ensaio sobre as doenças mentais* (Edições 70, 2012); em Robert Musil, no ensaio *Sobre a estupidez* (Edições Âyine, 2016); em Nietzsche em *O crepúsculo dos ídolos* (Companhia de Bolso, 2017); e na *Dialética do esclarecimento*, de Adorno e Horkheimer (op. cit.).

O campo do outro não é acessível à personalidade autoritária, porque ela não tem condições cognitivas para isso. Isso quer dizer que há um problema relacionado à faculdade da compreensão. Mas a cognição não é uma capacidade isolada na mente. Ela é corporal, ambiental, liga-se ao nosso corpo, à personalidade autoritária. A um fascista em potencial, falta a afetividade e a imaginação, que são formas pelas quais nos aproximamos desse campo, cujo epicentro é, em si mesmo, sempre inacessível. Isso quer dizer que nunca poderemos conhecer o outro como um todo – o que também seria uma perspectiva ilusória –, mas podemos ter uma postura de abertura, de curiosidade para com ele, de aceitação de sua diferença.

Se pensamos no outro como espectro é porque ele não é rígido; é um sistema de representações feito de imagens justapostas, de níveis e categorias. Assim, posso me relacionar com a ideia do outro, a imagem do outro, o corpo do outro. Pensar no outro, a favor ou contra ele, deriva, portanto, do afeto que preside o pensamento.

A propaganda é o método que sustenta a negação do outro. A propaganda fascista, a propaganda do ódio, prega a intolerância, afirma coisas estarrecedoras com alto teor performativo, ou seja, capaz de provocar efeitos e orientar ações. O que chamo aqui de propaganda não é a campanha publicitária. Mas a discursividade entranhada nas falas mais comuns. E nas falas nefastas do poder. No dia a dia, sobretudo em certas épocas de crise do capitalismo, vemos a hiperatividade da propaganda que tenta manter a coesão de um sistema esfacelado. Todos os presidentes de países cujas democracias morreram usam uma retórica de choque.

Enquanto escrevo este livro, relembro dos exemplos que citei em *Como conversar com um fascista* e penso que, infelizmente, desde a sua primeira edição até hoje, tudo piorou. Refiro-me a um político do Sul do Brasil, lugar de colonização italiana e alemã, chamado Luis Carlos Heinze. O deputado apresentou, em discurso até disponível no YouTube, a imagem perfeita do pensamento autoritário, que exclui o outro. Em sua fala, que se tornou famosa, "quilombolas, índios, gays, lésbicas", representavam "tudo o que não presta". "Tudo o que não presta" é, sem dúvida, um modo de desqualificar os outros como os nazistas alemães faziam com os indesejáveis de sua época: judeus, homossexuais, ciganos, pessoas com deficiência, pessoas de outras etnias. No caso, os sujeitos desqualificados na fala e por meio da fala do deputado eram as chamadas minorias políticas. Minorias políticas historicamente oprimidas no sistema capitalista. Minorias políticas criadas pelo capitalismo, como os negros, seres humanos que tiveram sua carne e sua pele transformadas em mercadoria;[2] pessoas que foram sequestradas na África e levadas para as Américas. O Sul do Brasil manteve muito das ideologias racistas presentes na Europa do século XIX. Evidentemente, o preconceito racista persiste e se renova.

Com a expressão "tudo o que não presta", o referido deputado brasileiro atingiu a exposição do conceito fundamental do fascismo atual. "Tudo o que não presta" implica um rebaixamento das pessoas indicadas em seu discurso. Ora, o que "não presta" não presta para quê? Não "presta" para o sistema da produção e do consumo. Os "imprestáveis" são julgados do ponto de vista da utilidade ao sistema da produção e do consumo.

O discurso do "fascista", por sua vez, como suprassumo da personalidade autoritária, é aquele que impõe o ponto de vista do julgamento do outro pela utilidade. A lógica da medida é o que está em cena. O fascista é o sacerdote do capitalismo, cuja liturgia implica esse julgamento ao modo de um batismo perverso: o outro é descartado e lançado ao abandono e, no extremo, à "matabilidade", como vemos acontecer no genocídio dos jovens e das crianças negros no Rio de Janeiro. Trata-se da destruição da própria ideia de dignidade humana.

"Tudo o que não presta" ao mesmo tempo se apresenta como resposta pronta, um clichê. Um exemplo de destruição do conhecimento como desejo de descoberta, que vem a constituir a relação com o outro na sua condição de diferente, de imagem da alteridade a ser respeitada. Desejo de conhecimento que está na base do desejo de democracia. A expressão é autoafirmação de ignorância, assinatura da estupidez. Ao mesmo tempo, é a destruição da política por um discurso antipolítico de um agente da governamentalidade que deveria ser político, mas que está voltado para o instinto de morte antipolítico. Não faltam pelo mundo afora exemplos de figuras que apavoram quando se pronunciam desse modo.

---

2 Achille Mbembe, *Critique de la raison nègre* [*Crítica da razão negra*], Paris, La Découverte, 2013.

Em um caso como esse, a prática discursiva é mais que perigosa; ela é ameaçadora. A tendência ao extermínio faz parte dela. A matabilidade, a tanatopolítica da qual se gabam tantos tiranos, está presente em nossa época. Foucault, em *História da sexualidade*,[3] falará em tanatopolítica e em biopolítica para definir uma mudança de regimes políticos em relação à vida. Tanatopolítica é a política da morte. O biopoder significa o cálculo que o poder faz sobre a vida. Biopoder é a forma típica de exercer o poder na modernidade, quando já não se manda simplesmente matar, como na Antiguidade – embora esse tempo e seus métodos ainda persistam dentro da modernidade em um cruzamento cronológico –, mas simplesmente se age sobre a vida, por exemplo, controlando os preços e a distribuição dos alimentos, a saúde, a moradia, o trabalho das populações. A exclusão é o processo que se garante pela precariedade à qual tantos são lançados e pela qual são condenados.

A matabilidade, portanto, não desaparece. A mortalidade diante da inexistência de políticas públicas e de um projeto radicalmente democrático de país é um resultado sempre garantido. Se o Estado não serve ao povo, serve às elites. O tanatopoder permanece atuando por meio do biopoder: calculando a vida para lançar na morte os que são marcados com o ferro da inutilidade. A imprestabilidade precisa ser garantida epistemologicamente, o que se consegue por meio do discurso que faz parte da ordem. Mas a quem esse tipo de discurso convence? Eis uma questão que precisamos nos colocar, até para poder combater essas formas de discurso ou para criar alternativas para a sobrevivência de uma política democrática, para uma política melhor, para um poder que se transforme em potência da diferença, um poder compreensivo que acolha aquilo que Walter Benjamin chamou "tradição dos oprimidos".[4]

Ora, quem fala em defesa de preconceitos e incita à violência, por um lado, deve ser legalmente questionado, por outro, é preciso trazer à luz quais

---

[3] Michel Foucault, *Histoire de la Sexualité. La Volonté de Savoir*, Paris, Gallimard, 1994. [Ed. bras.: *História da sexualidade 1: a vontade de saber*, São Paulo, Paz e Terra, 2020.]
[4] Walter Benjamin, *Über den Begriff der Geschichte*, Frankfurt am Main, Suhrkamp, 2010. [Ed. bras.: "Sobre o conceito da História", in *O anjo da história*, Belo Horizonte, Autêntica, 2012.]

condições na cultura possibilitam fazer surgir falas com esse conteúdo de desqualificação do outro, de humilhação simbólica, que estimulam ódio e, assim, incitam a matança. Como alguém se autoriza a fazer o discurso de ódio que é o discurso fascista? Como alguém é dele convencido?

Theodor Adorno se colocava a pergunta pela suscetibilidade das pessoas à propaganda fascista.[5] Quem é, afinal, suscetível à propaganda de um modo geral e suscetível à propaganda fascista de um modo particular? Se a propaganda fascista, que é um tipo de discurso – e uma verdadeira metodologia de alienação social por meio da linguagem –, continuar vencendo, não teremos futuro. E essa não é uma questão que deve ser esquecida, embora muitos prefiram que a teoria fique com o puro papel analítico que nos isenta de apontar caminhos. Uma pergunta projetiva se impõe filosoficamente neste momento: em que direção devemos agir diante desse estado de coisas? Mas ainda precisamos analisar mais as bases sociais do problema que temos para resolver.

---

5 Theodor Adorno, "Education After Auschwitz", op. cit.

29. Nós e o vazio: sobre o pensamento, a emoção e a ação

Podemos caracterizar a nossa época a partir de três grandes vazios. O primeiro deles é o vazio do pensamento. Hannah Arendt foi a pensadora responsável por sua formulação, em um livro chamado *Eichmann em Jerusalém*,[1] de 1962, no qual ela faz um relato filosófico sobre o julgamento de um alto funcionário do regime nazista alemão que, no entanto, não chegava a ser um dos seus principais mentores.

Adolf Eichmann, que foi capturado na Argentina e julgado em Jerusalém por seus crimes contra a humanidade, estarreceu o mundo ao se apresentar como um cidadão, como qualquer outro, que pretendia apenas subir na carreira cumprindo ordens. No livro, Arendt afirma que Eichmann não demonstrava refletir sobre o que havia feito como funcionário. É como se sua capacidade de pensar estivesse interrompida. Questionado, ele respondia por clichês e, ao mesmo tempo, não era um sujeito perverso que estivesse utilizando algum tipo de inteligência para fazer o mal conscientemente. Ele acreditava estar cumprindo tarefas.

Foi por analisar a figura de Eichmann que Arendt lançou a questão do vazio do pensamento. A característica dessa forma de vazio é a ausência de reflexão, de crítica, de questionamento e até mesmo de discernimento. Podemos dizer que, em nossa época, isso se torna cada vez mais comum. O número de pessoas que abdicam da capacidade de pensar tem aumentado; no entanto, parece absurdo que possamos viver sem pensamento. E é

---

1 Hannah Arendt, *Eichmann in Jerusalem*, Londres, Penguin, 2006. [Ed. bras.: *Eichmann em Jerusalém: um relato sobre a banalidade do mal*, São Paulo, Companhia das Letras, 2013.]

justamente por isso que o uso de ideias prontas se torna, com frequência, mais funcional, como já acontecia com Eichmann. Hoje, as redes sociais sobrevivem principalmente pelo fluxo das ideias prontas. Pessoas se tornam transmissoras de ideias sem sequer questioná-las. Ideias que são como mercadorias compradas para viagem, às quais não se pergunta que sentido podem ter na vida de quem as leva consigo.

No campo da publicidade e propaganda, os profissionais especializam-se em apresentar as ideias rarefeitas, não apenas como coisas superficiais, mas como algo que está ao alcance da mão, algo cuja complexidade não importa. As próprias ideias são consumidas. Há um consumismo das coisas, mas também das ideias e, nesse sentido, há um consumismo da linguagem por meio da qual as ideias circulam. Ora, o estatuto das coisas em um mundo voltado ao hiperconsumo é o do descarte. Seriam as ideias descartáveis como as coisas junto às quais elas são vendidas? Ou as ideias, que seriam primeiramente abstratas, serviriam apenas para dar uma aura às coisas – que, em si mesmas, as coisas não têm –, desse modo, facilitando a venda dessas coisas e das ideias como coisas?

A partir disso, podemos falar de uma segunda forma de vazio que caracteriza o nosso mundo, cada vez mais carente de reflexão. Ele diz respeito ao que sentimos. Vivemos em um mundo cada vez mais anestesiado, no qual as pessoas se tornam incapazes de sentir e cada vez mais insensíveis. A sociedade na qual vivemos parece cada vez mais excitada, angustiada e fadada ao desespero. Podemos falar de um vazio da emoção justamente no contexto em que as pessoas buscam, de modo ensandecido, uma emoção qualquer. Paga-se caro pela falta de sentimentos, que podemos definir em um sentido genérico como uma "frieza generalizada". A incapacidade de sentir torna o campo da sensibilidade, em nós, um lugar de desespero. Da alegria à tristeza, queremos que a religião, o sexo, os filmes, as drogas, os esportes radicais, e até mesmo a alimentação, provoque mais do que sentimentos. Deseja-se o êxtase. A emoção também virou mercadoria, e o que não emociona radicalmente parece não valer o esforço de viver. O ódio é uma emoção fundamental em nossa época. Para quem não consegue sentir nada, ele se apresenta como uma estranha redenção.

Nesse contexto, as mercadorias surgem com a promessa de garantir êxtase. Espera-se hoje que as experiências humanas sejam sempre e cada vez mais intensas, cinematográficas, impressionantes e espetaculares, mesmo que se trate apenas de uma roupa nova, um telefone celular, um brinquedo ou um lugar para comer. Tudo é vendido como se não fosse apenas o que, de fato, é. É o império da emoção contra a chateação, da excitação contra o tédio, da rapidez contra o tempo natural das coisas, da festividade contra a tranquilidade, da ebriedade contra a sobriedade.

Ora, quando falamos de emoções tendemos a considerar que elas são espontâneas. Mas nada é realmente espontâneo no mundo da sociedade publicitária. Tudo isso é contrabalançado por programações do pensar e do sentir. As emoções também são programadas. E a questão que está em jogo é a do esvaziamento afetivo em um cenário de frieza humana e expressão histérica. Mas se as pessoas estão cada vez mais frias, isso quer dizer também que estão necessariamente cada vez mais robotizadas por pensamentos e sentimentos programados.

É nesse ponto que podemos falar de um terceiro vazio. O vazio da ação que resulta dos esvaziamentos anteriormente expostos. A perda de sentido da ética e da política, nos quais floresciam as ações humanas como atividades carregadas de sentido, é evidente hoje. A ascensão de posturas preconceituosas no campo do senso comum, no qual a ética deveria vicejar, e das posturas tirânicas e fascistoides na política, tal como vemos nos estados autoritários que voltam a existir em escala global, é um dos seus resultados. O vazio da ação se configura como uma extirpação do senso moral que nos levaria a agir tendo em vista o bem comum e o respeito aos direitos fundamentais dos seres humanos para uma vida justa em sociedade.

Ao mesmo tempo, seres humanos são aqueles que buscam preencher seus vazios. O vazio da ação dá lugar ao consumismo, no qual a produção tem um sentido servil e puramente utilitário. Mas a ação humana pede sempre para ser invenção da vida, e é essa invenção da vida que é esvaziada pelo capitalismo, justamente porque o capitalismo é associado a um profundo instinto de morte.[1] Destruir e morrer vem a ser o espírito do capitalismo organizado em torno do sofrimento, da culpabilidade e do ódio.

---

1 Bernard Maris, Gilles Dostaller, *Capitalisme et Pulsion de Mort* [Capitalismo e pulsão de morte], Paris, Albin Michel, 2009.

Pensamentos e emoções dependem de exercícios em ambientes de linguagem. Aprendemos a pensar e a sentir na família, na escola, no trabalho e no mundo da vida em geral. A esse plano é preciso acrescentar as redes sociais que tendem a mudar padrões de pensamento, de emoção e de ação. É nesses espaços que aprendemos também a valorizar o que fazemos quando podemos ser reconhecidos pelos outros, porque agimos também para eles. E isso inclui a ação linguística que hoje em dia padece do mesmo mal que a ação em geral. Infelizmente, o esvaziamento da ação linguística se vê, sobretudo, nas redes sociais, lugares onde muita gente fala sem ter nada.

A vida real é substituída pela vida virtual, que nos ilude de que não estamos em um deserto, sem saber o que possa significar estar em um deserto.

30. Indústria cultural da antipolítica – o caráter manipulador

No deserto no qual vivemos esvaziados de subjetividade, proliferam discursos e manifestações do "caráter manipulador", termo que aparece em vários textos de Theodor Adorno para significar indivíduos objetificadores de si mesmos e dos outros.[1] Eles são parte fundamental da antipolítica de nossa época. Política é a capacidade humana de criar laços comuns em nome da convivência pacífica entre todos, o que requer defesa de direitos para todos e respeito a cada um. Antipolítica, por sua vez, é a destruição orquestrada dessas potencialidades em uma escala industrial, como a criação de um *habitus*, de uma biopolítica e de uma anatomopolítica. A antipolítica é o nome que damos para a indústria cultural da política, ou seja, para a política lixiviada pela racionalidade publicitária.

Importante ter em vista que a luta pela defesa de direitos em qualquer sociedade inscreve-se no cenário da valorização tanto do comum quanto do singular que nele floresce. O que chamamos de comum exige a singularidade que é, ao mesmo tempo, a função do "outro" como uma dimensão essencial na vida de cada um. Ora, o comum – aquilo que construímos entre nós em termos políticos – é feito de singularidade e de alteridade. O comum não é simplesmente o coletivo, pois a antipolítica também implica algo de coletivo.

A diferença entre massa e multidão nos interessa. Enquanto a massa seria amorfa e manipulável, a multidão seria feita de singularidades que se expressam politicamente em busca do comum. Para usar a distinção anterior, as multidões são políticas; as massas, antipolíticas. A multidão

---
1 Theodor Adorno, "Education After Auschwitz", op. cit.

é a união das singularidades; a massa, a reunião das individualidades. A multidão preserva a alteridade; a massa aniquila a singularidade. A massa é manipulável; a multidão, não. A massa é autoritária; a multidão, emancipada. A massa é regressiva; a multidão, progressiva. A massa precisa de um líder que a conduza; a multidão só precisa do desejo de cada um.

O caráter manipulador pode ser de uma pessoa, de um líder ou de um grupo que conduz a massa. O caráter manipulador pode ser de uma instituição, de uma empresa, de uma lógica. De um pequeno grupo tal como uma "malta".[1] O caráter manipulador pode invadir massas, mas não pode dominar multidões. Mas, às vezes, grandes aglomerados de gente podem conter as duas formações e acabar sendo vítimas de armadilhas.

É verdade que as ruas foram ocupadas por multidões desde 2011 pelo mundo afora nas chamadas "revoluções coloridas", e no Brasil, desde junho de 2013. No entanto, um fenômeno interessante precisa ser levado em conta: a diferença entre união e reunião, entre comum e coletivo. Podemos dizer que as manifestações nas ruas foram um misto de massa e multidão. Justamente por conta desse caráter híbrido é que se explica a sua aparência. Isso, no caso das multidões, remeteria à grandiosidade sublime e, por isso, seria algo impressionante; no caso das massas remeteria a uma monstruosidade apavorante, como vimos em manifestações fascistas nas avenidas de grandes cidades, tais como São Paulo, em 2015, sempre noticiadas pelos meios tradicionais, a mídia hegemônica, como sendo as únicas multidões nas ruas.

Em 2019, enquanto escrevo este livro, multidões estão nas ruas da Catalunha, na luta contra o autoritarismo espanhol e o crescimento da extrema direita. Os Gilets Jeunes tomam as ruas de Paris. Os povos indígenas e pobres da Bolívia se revoltam contra o Golpe sangrento, neoliberal e neofundamentalista, que aniquilou a democracia naquele país. Havia pouco as multidões estavam nas ruas defendendo a educação no Brasil e o direito ao aborto legalizado na Argentina.

A manifestação política depende muito do desejo da multidão. Em relação à educação, por exemplo. Já a manifestação antipolítica depende de líderes

---

1 Elias Canetti, *Massa e poder*, São Paulo, Melhoramentos, 1983.

manipuladores, presidentes ou deputados, torturadores, apresentadores de televisão, falsos pastores, policiais, intelectuais, jornalistas, juízes e uma máquina de produzir espetáculo. Os mais diversos personagens são vistos nesse papel em nossos dias.

É o caráter manipulador que opera na formação das massas, sabemos disso desde que Gustave Le Bon criou a "psicologia das massas", que, como Adorno percebeu, são instigadas por agitadores fascistas a agir de modo violento.[2] Os meios de produção do discurso, inclusive os meios de comunicação, têm papel fundamental nesse processo: a propaganda disfarçada de jornalismo não consegue esconder o seu fascismo; consegue transformar a visão de mundo fascista – de ódio e negação da alteridade – em valor que é louvado por quem nunca pensou em termos ético-políticos e, por isso mesmo, cai na armadilha antipolítica muitas vezes pensando que se tornou o mais politizado dos cidadãos. Políticos e agentes do Judiciário unem-se a eles no processo de condução das massas.

Todas as instituições assumem o caráter manipulador em momentos de ascensão fascista. Não porque alguém assim simplesmente decidiu, mas porque o movimento fascista funciona feito uma onda que a tudo invade e que transborda todas as margens. Assim, no naufrágio da sociedade, todos buscam um pedaço do barco estraçalhado no qual se agarrar. Analfabetos políticos se agarram rapidamente nas promessas de redenção fascistas que lhes oferecem preconceitos como tábua de salvação.

Se pensarmos em figuras antipolíticas, tais como deputados homofóbicos, que fazem da homofobia sua bandeira delirante, ou em outros golpistas, que, com o poder governamental nas mãos, propõem todas as formas de retrocesso social, podemos ficar muito preocupados, pois proliferam os líderes fascistas com alto poder de manipulação das massas dentro ou fora dos governos do mundo. São personagens manipuladores criados e, eles mesmos, manipulados pelos meios de comunicação, mas que têm uma vasta experiência a oferecer a esses mesmos meios que os manipulam. O acordo cínico entre esses indivíduos manipuladores e as instituições é perfeito.

---

2 Theodor Adorno. "Die Freudsche Theorie und die Struktur der faschistischen Propaganda", op. cit.

Os indivíduos manipuladores não são autônomos, são peças de uma engrenagem que os vende como heróis e, de modo corrompido, servem-se dela. São os corruptos de um sistema corruptor. Vendo-os em ação poderíamos pensar que o "caráter manipulador" seria coisa de homens velhos, forjados pela ditadura militar, por algum tipo de educação fria e violenta. E isso é verdade. Mas o que dizer dos jovens que discursam de maneira fascista? Jovens manipulados, usados pela indústria cultural da antipolítica, levados a agir por empresários e patrocinadores, saberão o que dizem? Ora, manipular jovens e crianças é o que há de mais perverso, pois se trata de uma manipulação em segunda potência, aquela que opera sobre quem não tem como se defender. Por outro lado, essa manipulação implica a morte da esperança no futuro simbolizado por jovens e crianças.

31. A semiformação cultural

Há um texto chamado "Teoria da semicultura"[1] ou "Teoria da semiformação", no qual Adorno fala da importância do discernimento. O termo original para "semiformação" é *"Halbbildung"*. *"Bildung"* refere-se à formação cultural, em um sentido extrapedagógico, ou seja, não dependente apenas da formação escolar. "Semiformação" seria um modo precário, parcial, de apropriar-se subjetivamente da cultura. A onipresença do espírito alienado e aquilo que Adorno chamou de "consciência dissociada", a incapacidade de estabelecer nexo entre a cultura aprendida e os fins aos quais ela se destina, as questões humanas, dizem respeito à sua definição.

Quando nos perguntamos como é possível em pleno século XXI, em uma época em que o acesso à informação é cada vez mais difundido, quando atingimos um estágio cultural – inclusive com a tecnologia digital – tão impressionante, como é possível que as pessoas falem tantas bobagens, estamos diante do tema da semicultura. "Semiculto" não seria apenas a pessoa quase formada, meio formada ou formada pela metade, ou até mesmo malformada. O que está em jogo na semiformação é a cesura cognitiva. A rachadura não apenas cognitiva entre aquilo que se aprende e aquilo que se pensa e faz. A questão está certamente nos meios de formação, nas mediações culturais inconscientes que pesam sobre nós. E no amor-ódio que há pela arte e pelo conhecimento, assim como pela cultura na sociedade fascistizada.

Entre os nazistas, por exemplo, era comum a valorização da arte – não da arte moderna à qual Hitler denominou "degenerada" – e o desprezo pela

---

[1] Theodor Adorno, *Theorie der Halbbildung* [Teoria da semiformação], Frankfurt, Suhrkamp, 2006.

humanidade. Eles não percebiam que a arte não era uma questão apenas estética – aliás, a arte nazista era péssima nesse sentido –, mas também ética e política.

A questão da introjeção da cultura diz respeito aos dados extrapedagógicos que nos formam, que entram em nossa vida, nos tornando quem somos. Cultura é todo tipo de experiência com música, com todo tipo de texto, de arte, de hábito festivo, alimentar, social, político, todo hábito religioso, todo tipo de discurso, todo tipo de experiência com a linguagem nas suas diversas expressões.

O termo *"Bildung"* tem o sentido da construção. Ele se refere à educação em sentido amplo, não apenas escolar, mas àquela educação à qual estamos ligados por toda a vida, desde o nascimento até a morte. A instituição escolar associada ao mercado rebaixa a educação à mercadoria. Rebaixa as pessoas a produtores e consumidores que devem apenas se encaixar em um mercado. A dimensão criativa da vida, inclusive da vida econômica, que é a que mais assusta o senso comum, que consegue ver na educação o alcance apenas de uma vaga em um sistema, é deixada de lado. Além disso, a indústria cultural, sob a qual formamos nossa percepção atual da vida, providencia bens culturais que já carregam em si aquela dissociação da consciência, de que falava Adorno. Isso quer dizer que a formação cultural é um verdadeiro perigo. Por isso, não devemos nos surpreender quando vemos pessoas que detêm altos títulos usando, não apenas de modo errado, mas muitas vezes absurdo, teorias críticas para fundamentar posturas nada críticas e até autoritárias – ainda que seja necessário combater o uso indevido de teorias e o coronelismo intelectual que funciona em todos os cantos do mundo, sobretudo em países como o Brasil, no qual a desigualdade cultural e econômica é gigantesca.

Mas toda cultura longe do esforço do espírito parece se conduzir para isso, e já se sucedem gerações de pessoas que não têm a menor intenção de transformar o mundo em um lugar para o convívio fraterno de todas as culturas. A educação é reduzida a um capital, assim como o todo da vida.

32. O reducionismo capitalista

O reducionismo das coisas a um capital acontece porque o capitalismo é um reducionismo; assim como o patriarcado – sua versão de gênero – é a redução do ser humano ao sexo (no caso o binarismo heteronormativo homem-mulher). O capitalismo é a redução da vida ao plano econômico. Ao mesmo tempo, a economia, bem como a ecologia e tudo aquilo que é estruturador das formas de vida são hoje aspectos sequestrados pelo capitalismo, a ele reduzidos.

Capitalismo se tornou o nome de uma visão de mundo em que tudo se torna inessencial em relação à "forma mercadoria", segundo a qual tudo pode ser comprado e vendido. Nessa visão de mundo, o pensamento está minado pela lógica do "rendimento". Viver torna-se uma questão apenas econômica. A economia torna-se uma forma de vida administrada com regras próprias, tais como o consumo, o endividamento pessoal, a segurança pela qual se pode pagar. Tudo isso é sistêmico e, ao mesmo tempo, algo histérico. O neoliberalismo é o capitalismo em estado de histeria.

O capital tornou-se o horizonte que conduz toda hermenêutica da vida cotidiana, a ponto de não se admitirem modos de pensar e de agir diferentes em seu regime. O capitalismo exige uma encenação, e ela custa muito caro. O ato de falar e até mesmo de escrever, pelos quais expressamos pensamentos, também entra nesse jogo, que é, afinal, um jogo de linguagem. Por isso, no capitalismo se investe tanto na ordem do discurso – o que antigamente era chamado de retórica. A regulamentação das falas e dos textos visa a não prejudicar o sistema. Essa encenação é histérica, mas, ao mesmo tempo, é espetacular, portanto, funciona perto da arte – vide o sucesso do cinema em nosso tempo – e na forma de uma religião. Mas há um nível sutil de criação da teatralidade (histérica e/ou teológica) que implica o discurso, seja na vida real, seja na vida virtual das redes.

Nesse contexto, as palavras funcionam como estigmas ou como dogmas que sustentam ideias orientadoras de práticas. Se a ordem do discurso capitalista é basicamente teológica, é porque ele funciona como uma religião no âmbito das escrituras e das pregações, em geral, no púlpito tecnológico da televisão, que é a prótese de conhecimento mais comum entre as classes mais exploradas economicamente. Assim como, caso seja questionada, a palavra "Deus" gera o estigma do herege ou do ateu; a palavra "capitalista", quando questionada, gera o estigma do "comunista", ele mesmo tratado como um tipo de ateu em sua descrença crítica do sistema.

O capitalismo depende da criação de estigmas contra tudo o que vem a criticá-lo: pode-se usar a palavra "vândalo", o termo "terrorista" ou qualquer outro com sentido invertido. Assim, a religião inventou o "diabo" como um elemento de controle das populações. Hoje, o controle pelo medo serve a uma verdadeira indústria da violência e da segurança. No esquema discursivo do capitalista, a estigmatização protege da crítica. O discurso é a arma de proteção do capitalismo. Os críticos, por sua vez, temem dizer "capitalismo" para não serem acusados de "comunistas". A ousadia de nomear é perigosa como a pronúncia do nome de Deus em vão, ou a evocação do nome do diabo.

Palavras mágicas, dogmas que revelam pretensas verdades e estigmas que afastam supostas mentiras, que esconjuram. Eis do que é feito o plano discursivo da ordem capitalista. Ele é um sistema de verdades, assim como o é a religião.

33. A retórica turbotecnomachonazifascista: palavras mágicas, clichês, distorção

A terminologia turbotecnomachonazifascista é composta de clichês. Há uma epistemologia rudimentar, efeito de ausência de ideias e de trabalho conceitual, que tem um alto impacto nas massas e possibilita a criação de vínculos entre indivíduos com precária formação educacional ou oriundos de uma "semiformação". A ausência de interpretação, a falta de relação com as metáforas e outras figuras de linguagem tornam a possibilidade de "conversar com um turbotecnomachonazifascista" realmente limitada.

A sedução capitalista que escamoteia a opressão organiza-se na forma de uma constelação de palavras mágicas que servem de clichês, por meio das quais o falante e o ouvinte acreditam realizar todos os seus desejos e suas obrigações políticas. São usadas, dessa forma, palavras tais como felicidade, ética, liberdade, oportunidade, mérito, justiça, ideologia, Deus, segurança, mas também, e negativamente: corrupção, comunismo, feminismo, gênero. Cada país terá variações, mas, de um modo geral, elas são semelhantes.

Democracia é uma dessas palavras mágicas usadas pelo capitalismo. Antidemocrático, o capitalismo precisa ocultar sua única democracia verdadeira – a partilha da miséria e, hoje em dia, cada vez mais, a partilha da morte. Fascistas sempre acusarão a crítica de ser antidemocrática, porque usar palavras na forma de um espelhamento é a sua tática. Atacar antes de ser atacado, ou atacar mesmo que já tenha sido criticado, é um caminho seguro.

Como véu acobertador de manejo simples, a democracia usada em sentido mágico perde sua história carregada de importantes significados políticos. Ao mesmo tempo, é evidente que há uma mentira concreta na democracia: a estabilização do capitalismo ou de outros regimes autoritários para a qual a palavra serve de acobertamento. O casamento entre opressão e sedução promete realizar a mágica capitalista em um *fiat lux* redentor. A democracia nesse contexto é também um reducionismo, mas ainda não achamos um nome melhor para uma utopia possível.

O descompromisso e a desonestidade com o que se diz são características de nossa sociedade há tempos. Fácil o turbotecnomachonazifascismo se aproveitar disso. A desonestidade especializada da propaganda cria a lógica da inversão. Todos podem distorcer o que é dito e seguir em frente.

Sabemos que é necessário prestar atenção naquilo que nos é dito. Por outro lado, é um dever ético prestar atenção no modo como nós mesmos dizemos o que dizemos. Claro que ninguém vai conseguir atingir um grau máximo de consciência e se expressar sempre da melhor forma. Por outro lado, é fato que as pessoas espontaneamente manipulam o que o outro diz. Mas não é porque as coisas são assim que elas não deveriam ser diferentes. Se é no "dever-ser" que começa o nível ético das relações, é justamente porque o dever-ser não é, não está pronto e precisa ser buscado.

A inversão é um tipo de distorção. No nível das relações entre pessoas particulares, sobretudo no que concerne à esfera privada, podemos dizer que a distorção é fruto de algo que chamamos genericamente de neurose. Ela atinge todas as relações. Pais e filhos, casais, amigos, todos aqueles que convivem e que, por conviver, falam uns com os outros, também distorcem o que uns e outros fazem e dizem. Distorcer nesse caso é adequar o que aconteceu de fato, ou o que poderia ter acontecido, a uma interpretação útil a algum interesse emocional, material ou conceitual. Não há discurso proferido sem a consequência de seus efeitos. Sabendo disso, constantemente ocultamos nossos interesses no que dizemos.

A lógica da inversão depende da capacidade para distorcer. A retórica como campo da linguagem definiu as estratégias da distorção por meio de uma classificação das falácias. Ela pode parecer bem racional, mas, em geral, apela, como qualquer falácia, a uma espécie de drible argumentativo. Pela inversão basta colocar uma coisa no lugar da outra. Trocar o lugar de quem fala, por exemplo. Vemos essa lógica presente tanto na culpabilização da vítima quanto na vitimização do culpado.

A inversão não é uma mera projeção, como erroneamente pode parecer. Ela é uma tática de poder que vai além da neurose e tem com ela a diferença de ser uma desonestidade consciente. Alguém que na esfera privada é um neurótico, na esfera pública, pode ser um canalha. A posição do canalha é sempre burra e fácil de desvendar, mas não é fácil de combater. Vivemos no império da canalhice no qual a burrice, tanto como categoria cognitiva quanto moral, venceu. Desvendá-la não tem mais muito valor. Ela se transformou no todo do poder.

Meios de comunicação em geral, incluídas as redes sociais e grande parte da imprensa nas quais ideologias e indivíduos podem se expressar livremente sem limites de responsabilidade ética e legal, estabelecem compreensões gerais sobre fatos que passam a circular como verdades apenas porque são repetidas. Quem sabe manipular o círculo vicioso e tortuoso da linguagem ganha em termos de poder.

O processo que venho chamando de "consumismo da linguagem" é a eliminação do elemento político da linguagem pelo incremento do seu potencial demagógico. O esvaziamento político é, muitas vezes, mascarado de expressão particular, de direito à livre expressão. A histeria, a gritaria, as falácias e os falsos argumentos fazem muito sucesso, são livremente imitados e soam como absurdos apenas a quem se nega a comprar a lógica da distorção em alta no mercado da linguagem.

A lógica da distorção é própria ao consumismo da linguagem. Como em todo consumismo, o da linguagem produz vítimas, mas produz também o aproveitador da vítima e o aproveitador da suposta vantagem de ser vítima. "Vantagem" que ele inventa a partir da lógica da distorção à qual serve. Vítimas estão aí. Uma reflexão sobre o tema talvez nos permita pensar em nossas posturas e imposturas quando atacamos e somos atacados no nível da linguagem. Penso em como as pessoas e as instituições se tornam ora vítimas, ora algozes de discursos criados com fins específicos de produzir violência e destruição. Não me refiro a nenhum tipo de violência essencial própria ao discurso contrário ao diálogo, nem à violência casual de falas esporádicas, mas àquela projetada e usada como estratégia em acusações gratuitas, campanhas difamatórias, xingamentos em geral e também na criação de um contexto violento que seja capaz de fomentar um imaginário destrutivo.

Usamos os discursos, mas também somos usados por eles – penso na subjetividade dos jornalistas e apresentadores de televisão, dos políticos e dos pastores que discursam pela mentira e pela maledicência e que colaboram na produção de golpes de Estado, mortes de democracias e avanço dos fascismos. Aqueles que usam discursos sempre podem ocupar a posição de algozes: usam seu discurso contra o outro, mas também podem ser usados por discursos que julgam ser autenticamente seus. O que chamamos de discurso, diferentemente do diálogo, sempre tem algo de pronto. Na verdade, quem pensa que faz um discurso sempre é feito por ele.

Somos construídos pelo que dizemos. E pelo que pensamos que estamos dizendo. A violência verbal é compartilhada, e não estamos sabendo contê-la. Mas, de fato, gostaríamos de contê-la? Não há entre nós uma satisfação profunda com a violência fácil das palavras que os meios de comunicação sabem manipular tão bem? Não há quem, querendo brigar, goze com a disputa vazia assim como se satisfaz com as falas estúpidas dos agentes da televisão? Por que, afinal de contas, não contemos a violência da linguagem em nossa vida? Grandes interesses estão sempre em jogo, mas o que os pequenos interesses de cidadãos têm a ver com eles?

A inversão e a distorção não acabam. Elas também põem em ação a vitimização fascista, machista, racista. Um exemplo desse tipo de retórica diz respeito ao posicionamento daqueles que se colocam na posição de vítimas de "heterofobia". Tempos atrás, um deputado, conhecido por sua homofobia expressa de muitas formas, apareceu como quem "invertia o jogo" do preconceito que cada preconceituoso recria a cada instante, colocando-se na posição de alguém que sofria de "heterofobia". No seu ponto de vista, ele seria vítima de ódio por ser um representante da heterossexualidade em uma sociedade em que a "homofobia" é a regra. Com esse gesto, o deputado tentava produzir pelo menos três efeitos: o primeiro seria a diminuição da gravidade da sua habitual postura homofóbica; o segundo seria a banalização da homofobia, uma vez que, comparada ao seu contrário, ela seria algo comum às pessoas, como um gesto natural. Por fim, a criminalização das vítimas da homofobia, que se transformariam em criminosas se se tornassem "heterofóbicas". Trocando o lugar da vítima, equiparando os crimes e as vítimas, já não teríamos vítimas nem criminosos, e ele, como criminoso, estaria ileso, tendo conseguido, além de tudo, fazer pesar sobre sua vítima a condição de culpada.

Na mesma linha, podemos citar outro deputado, famoso por afirmações que demonstram grave limitação reflexiva, que declarou em público ser "sobrevivente de um aborto" equiparando-se a "sobreviventes" de campos de concentração, ou seja, sobreviventes "de fato", aos quais direitos são devidos, e rebaixando a experiência das catástrofes concretas vividas em situações concretas. Do mesmo modo, pessoas racistas falam hoje em racismo contra brancos, por meio de uma inversão perversa. Os brancos não podem sofrer por racismo, porque o racismo é uma ideologia branca inventada para submeter populações de pessoas marcadas como negras. Com o racismo como ideologia foram garantidos assassinatos e roubos e justificada toda a história da violência física e simbólica que garante até hoje o estrutural privilégio branco.

O que acontece hoje com a questão de gênero também participa dessa perversa lógica de inversão. No acordo atual entre religião e Estado, em que os sacerdotes do autoritarismo se vendem como santos para populações de pessoas fragilizadas social, econômica ou intelectualmente, gênero passou a ser uma palavra monstruosa.

Se gênero é uma questão que deveria fazer parte dos Planos Municipais de Educação, religiosos começaram a falar de "ideologia de gênero". Armados com má-fé disfarçada de proteção a altos valores familiares, há quem esteja invertendo o sentido da necessária discussão sobre gênero – tão necessária quanto sobre raça e classe social –, tentando convencer populações de que "gênero", em si mesmo, não é uma categoria de análise e um campo de estudos, mas uma prática de inversão de sentido sexual por meio da qual se imporia uma absurda ditadura queer, trans, gay etc. às pessoas. Apaga-se com isso a libertação simbólica das formas de vida LGBTQI+ contra o paradigma heterossexual opressor, cuja heterossexualidade também funciona como privilégio. Nesse quadro, vemos a palavra "gênero" arrancada do cenário, como se ela, por si só, fosse algo demoníaco. Quando, na verdade, é o seu banimento que mantém a promoção do preconceito e da violência, esses, sim, demoníacos.

"Ideologia de gênero" contra a qual os fundamentalistas se erguem, no modo como está sendo afirmada, é uma construção falaciosa. Mas no cenário atual, em que a enganação está em alta, as falácias fazem muito sucesso.

Em qualquer um desses discursos a vítima real é colocada em um lugar banal, suas marcas e seu sofrimento pela violência sofrida são diminuídos. Em todos esses casos, os agentes vão além do mal-entendido ou de uma possível e ingênua questão de autointerpretação. Em todos parece haver mais do que uma lacuna de compreensão. Podemos supor que essa lacuna seja, na verdade, má-fé, mas podemos ser mais amistosos e supor que se trata apenas de uma lacuna de bom senso ou de razoabilidade da parte de quem propõe o argumento falacioso, por abandono de uma análise social e historicamente crítica.

Pensar sobre o que pode estar acontecendo quando vemos esse tipo de posicionamento pelo discurso pode nos ajudar a pôr em cena a questão do discernimento, que, para além de julgamentos fáceis, se faz urgente entre nós.

34. A banalidade da morte

Tempos fascistas são tempos de frieza e dureza. Tempos em que há muitas práticas de morte, morte por descaso e por assassinato, morte por abandono, morte por suicídio e pouca ou nenhuma reflexão sobre a morte. Pensar na morte pega mal na era da felicidade banal típica desses tempos em que a angústia é evitada por meio de sua administração, em que as redes sociais promovem uma estética da felicidade na qual se veem fotografias com pessoas sorridentes e cenas maravilhosas, sem que haja o necessário correspondente ético para isso. Um sujeito dessubjetivado pelo fascismo evitará toda angústia pessoal, embora esteja mergulhado nela em nível arcaico. E isso porque a morte não é, para ele, uma alternativa. Ele não lembra que vai morrer. Ele não morre simbolicamente como acontece às pessoas em geral algumas vezes na vida. Ora, o fascista não morre porque não pode morrer. Não morre justamente porque, como confirma sua rigidez, ele já está, de algum modo, morto.

Antes de ser uma categoria médica ou biológica, a vida é uma categoria política. Como categoria política, a vida implica a nossa potência para a relação simbólica com o outro, que é sempre uma relação de reconhecimento. Fora disso há a morte.

O cadáver é a objetificação total. E existem cadáveres subjetivos. Almas mortas. No cadáver não há mais chance de estabelecer relação com o outro. Há cadáveres vestidos de morto fingindo estar vivos entre nós. De paletó e gravata, eles dão as regras do jogo – sempre político – contra os outros que permanecem vivos. O cadáver veste a fantasia do político profissional e sobe ao palco espetacular dos meios de comunicação. Ali ele lança seu vômito apodrecido contra a dança da vida que é a dionisíaca dança da diferença.

No cenário político, há quem pense que seria melhor morrer de vez. Há quem se deprima e pense em se matar. A depressão se tornou, em países como o Brasil, uma categoria política. Em tempos de psiquiatrização da vida cotidiana, a depressão torna-se "doença" para evitar que seu conteúdo político venha à tona.

Hoje não basta evitar falar de suicídio ou evitar praticá-lo. Seria preciso reinventar a vida. Essa reinvenção é necessariamente política. A pergunta que podemos nos colocar é se um fascista seria, no atual momento político, capaz de meditar sobre sua própria morte.

Mas é o luto o que de muitos modos se evita, ao mesmo tempo que a depressão avança. A compreensão do estado do luto em nossa cultura pode nos ajudar a entender o que tem sido feito em termos da administração social e cultural do sofrimento que experimentamos hoje. Se lembrarmos da definição usada por Freud,[1] o luto seria uma perda de objeto que implicaria um trabalho psíquico para acostumar-se à vida depois dela. O luto seria normal quando superado.

Até aí, não há nada fora do comum. A vida das pessoas se organizaria com a organização da dor. O sofrimento seria, mais uma vez, parte do cotidiano. O luto, o trabalho de superação. Qualquer pessoa em algum momento viveria o sentimento do luto porque, inevitavelmente, seria impossível viver uma vida inteira sem perder algo ao qual se tivesse afeiçoado. Viver implicaria perder e enlutar-se, seria um tempo necessário de experimento da perda.

O problema de quem é classificado como "deprimido" parece ser o de um luto profundo. Um luto interminável. Pensa-se, então, nas condições do "eu", na fragilidade pessoal subjetiva de quem está sob esta condição. Desse ponto de vista, tudo é lançado sobre a "subjetividade" de cada um como se ela fosse "natural", e não construída socialmente. Contudo, essa posição não se sustenta quando vemos as condições sociais, coletivas, culturais, em que se dá o luto hoje. Nesse sentido, nessa época em que a indústria cultural da libido e da felicidade está em alta, pressionando cada um à crença de que nada se perde e de que tudo pode ser conquistado, de que não há sofrimento no

---

1 Sigmund Freud, "Trauer und Melancholie", in *Werke aus den Jahren 1913-1917*, Frankfurt, Fischer, 2010. [Ed. bras.: *Luto e melancolia,* São Paulo, Cosac Naify, 2014.]

mundo do consumo, o luto não é algo muito bem-vindo. De certo modo, o luto é um estado contraideológico. O luto prejudica o funcionamento social porque representa um estado de contrariedade em relação à vida. O luto interrompe a produção e o consumo. Por isso, exige-se socialmente que o luto aconteça rapidamente. Ou que não aconteça.

Para que a máquina do sistema continue funcionando, precisamos ser diariamente privados do luto, proibidos de viver a experiência da perda, proibidos de perder. A proibição ao luto relaciona-se à banalização da morte. E a banalização da morte relaciona-se à banalização da vida. Convocados a uma bizarra ideia de progresso, somos proibidos de sofrer e de fracassar. O que o deprimido vive é, na verdade, uma espécie de proibição do luto, uma advertência contra o luto, como se ele não tivesse direito ao próprio sofrimento. Se não tem direito à própria biografia e ao próprio corpo, por que teria direito ao próprio sofrimento? Assim, no Brasil enterramos os nossos mortos rapidamente, do mesmo modo que tomamos remédios para não atravessar as inevitáveis dores da vida.

Deprimente é a vida para quem o luto está vetado. Realizar o trabalho do luto no contexto de uma ideologia da produção e do consumo vividos como únicas dimensões da vida torna-se, hoje, um ato de heroísmo do espírito. Assim é que "deprimido" é o estigma daquele que não consegue voltar à norma do sucesso, da felicidade de plástico no âmbito da ação esvaziada no esquema produtivo-consumista que rege a vida cotidiana das pessoas submetidas ao espírito do capitalismo.

Nesse contexto, seria de se perguntar se o deprimido e sua depressão não teriam algo a ensinar sobre o estado geral da sociedade.

Nietzsche escreveu sobre sua famosa teoria do eterno retorno em um parágrafo de *A gaia ciência* intitulado "O peso mais pesado".[2] Trata-se, no caso dessa doutrina de caráter amplamente psicológico, do peso do recalcamento, daquilo que não se pode esquecer. Do afeto que, denso e pesaroso, de algum modo é preciso carregar por toda a vida. Cada indivíduo humano tem alguma dor, ou várias dores, no sentido do que a psicanálise chama de

---

2 Friedrich Nietzsche, *Die Fröhliche Wissenschaft*, Munique, Hanser, 1994. [Ed. bras.: *A gaia ciência*, São Paulo, Companhia de Bolso, 2012.]

trauma, que constituem sua condição subjetiva. Mas o modo que cada um experimenta o que podemos chamar de ferida pessoal – como a ferida que Ivan Ilitch, no conto de Tolstói, experimenta em silêncio e solitariamente[3] – depende de muitos fatores. Verdade que o sofrimento não pode ser mensurado, porém, quando narrado por alguém que sofre, percebemos que o sofrimento assume intensidades diversas.

A intensidade do sofrimento é constantemente expressa pelo seu "peso". Assim ocorre no texto de Nietzsche. Por isso, a pergunta implicada na doutrina do eterno retorno nietzschiano, tal como exposta, diz respeito ao motivo de se carregar o peso que se carrega. Em outras palavras, está em jogo, na questão de Nietzsche, o motivo pelo qual um sofrimento não pode ser superado, porque há certo sofrimento que parece pesar mais. O que fazemos, então, com aquilo que nos pesa, já que ninguém deve querer, voluntariamente, carregar um peso? Justamente por isso, por ser difícil carregar o peso, é que cada um tende a jogá-lo em algum lugar. Podemos dizer que, no esforço de nos livrarmos dele, tendemos a jogá-lo na direção do outro.

Ao mesmo tempo, não é porque as coisas pesam que precisamos carregá-las, mas porque as carregamos é que elas nos pesam. Ora, o que pesa é o que não pode ser solto, o que não pode ser deixado para trás. Isso fica mais bem compreendido quando Nietzsche, em *Assim falou Zaratustra*,[4] usa um morto como metáfora do peso que se carrega. O ressentimento, nesse caso, pode ser o sentir ininterrupto da dor que um dia se sentiu, como o morto que Zaratustra tem às costas. Ele desapareceria se tivéssemos a capacidade de esquecer o que foi negativamente sentido e, a partir de então, aprendêssemos a aceitar o que nos aconteceu, o que sentimos; a não negar, portanto, o que sentimos. Isso seria o que Nietzsche chamou de *"amor fati"*, o "amor ao destino". Amor, de algum modo, ao que se é, ao que se tem, ao que nos acontece. Esquecer, diante do ressentimento, seria uma espécie de virtude, própria de quem vive o amor ao destino. Seria, no caso do confronto com o que se viveu em termos de peso, um ato de incentivo à leveza que se alcan-

---

3 Leon Tolstói, *Death of Ivan Ilyitch*, Londres: Penguim, 2016. [Ed. bras.: *A morte de Ivan Ilitch*, São Paulo, Editora 34, 2009.]
4 Friedrich Nietzsche, *Assim falou Zaratustra: um livro para todos e para ninguém*, São Paulo, Companhia de Bolso, 2018.

çaria com o amor. A leveza, contrária ao peso, seria, nesse caso, uma força. Seria como deixar passar.

A leveza seria o amor que se consegue deixando o ódio, peso morto, para trás. Alcançar essa condição parece, no entanto, uma verdadeira façanha psíquica. Quem conseguiria? Haveria um método para esquecer e assim poder novamente, contra o peso do ressentimento, continuar a amar a vida?

Amar o destino seria, antes de mais nada, um ato de desapego. Seria o ato de aceitação do peso das coisas, não de sua negação abstrata. Essa aceitação permitiria deixar as coisas no meio do caminho, abandoná-las a si mesmas e, por meio desse abandono (totalmente dialético), devolvê-las a si mesmas. À história, ao tempo, ao espaço. Nesse caso, experimentaríamos o sofrimento, a dor, os afetos do amor – e também do ódio –, mas no momento em que se apresentariam como parte da vida, e não como peso morto. Isso quer dizer que a doutrina do "*amor fati*" seria a doutrina da aceitação dos afetos. Quando seria evidente que não sentir é impossível, mas "re-sentir" pode ser mais bem elaborado na direção de um afeto futuro, não ressentido. De um afeto aberto ao futuro. O amor pode ser definido como o afeto aberto ao futuro, e o ódio como o afeto fechado para o futuro.

O "amor ao destino" implicaria abandonar o peso morto do ressentimento no meio do caminho. Seria, portanto, um ato que relativizaria o peso. Deixar o peso do passado no passado seria como devolver-lhe, generosamente, ao seu lugar, renovando, assim, o lugar do futuro.

Nietzsche usou o peso como uma metáfora negativa aplicada à afetividade. Mas como os óculos dialéticos melhoram nossa visão, devemos ver que peso e leveza são medidas de valor. Do mesmo modo como podemos dizer "peso pesado" ou "peso leve" para a força do lutador, do desportista profissional, o peso é sempre uma medida que implica o "maior" ou "menor". Implica um valor maior ou menor e um peso – ou um preço – a ser pago quando se trata de alguma balança.

Em uma sociedade em que a miséria e a riqueza se confundem no mercado e na Igreja, o poder do miserável está no sofrimento acumulado. O poder do opressor está na produção desse peso, que não permite que se mude o rumo da história. Sabemos que o maior ressentido é o dono do maior sofrimento, um sofrimento que ele pensa ser maior do que o dos outros quando visto de seu próprio ponto de vista. É o ressentimento que se expressa no discurso da vítima. Mas é também, e muito mais, o ressentimento que culpabiliza o outro por ser vítima. O ressentimento de quem é incapaz de ver o sentimento alheio, de fantasiar, pelo menos, o outro, de suspeitar algo sobre seu sofrimento.

Maior ainda é o ressentido que administra o ressentimento alheio. O ressentimento do dono dos meios de produção do ressentimento. Os meios de comunicação, as Igrejas, as empresas, os Estados, os regimes políticos e econômicos geram esse ressentimento criando o eterno retorno do sofrimento.

O ressentimento esconde o ódio e é a origem do fascismo que pesa sobre nossa cultura atual. No gesto de todo fascista – seja o homofóbico, o machista, o racista, o que defende a desigualdade de classes ou a natureza superior de uns contra outros, ou o fascismo sutil do capitalista que diz que as coisas não podem ser diferentes – está o ressentimento, sinônimo de ódio, marca da impossibilidade de ir além de si mesmo, de produzir um mundo melhor para todos. Nesse ressentimento, está a nossa incapacidade de lidar com a morte. A nossa necessidade de recalcá-la e, no eterno retorno do ressentimento, viver o potencial destrutivo da pulsão de morte como se ela fosse vida. Hoje podemos dizer que o ódio é o mais pesado de todos os pesos. Ele é a base do fascismo, e o ressentimento é o seu nome complexo. O seu contrário implica a amorosa e esbanjadora festa da liberdade, na contramão do espírito de morte, que é o espírito avarento do sistema econômico.

Uma vez que o ódio está chamando a atenção entre nós, gerando o cenário antipolítico que conhecemos, é um sinal de que podemos superá-lo. É sinal de que ainda existe amor como afeto amplamente político, como potência contra o ressentimento, contra o ódio requentado a cada dia, com seu miasma sempre pronto a sufocar qualquer um que esteja vivo.

35. O paradigma eurocêntrico

O paradigma eurocêntrico caracterizado pelo princípio precário da identidade quanto à visão sobre o "outro" faz parte da história das Américas e do Brasil. Representado nos textos de Colombo, Cortez e demais "conquistadores",[1] esse paradigma continua na base de discursos negativos dos colonizadores internos pronunciados até os dias de hoje a respeito dos povos originários.

No processo de acobertamento a que dão lugar tais discursos, discursos que em si mesmos criam "subalternidade",[2] mantém-se o fundamento antiético de um genocídio histórico que serve à incessante tomada de terras dos povos nativos. A invasão europeia na vida dos povos pré-colombianos continua. Ela precisa, para manter-se até hoje, do apoio público e político que a faça valer como verdade, socialmente vigente e inquestionável, garantindo assim o seu sucesso.

O modo como os povos originários são tratados nessa questão da tomada das terras – um modo fascista que inclui governo e sociedade civil – no entanto, entra em choque com o desejo democrático de grande parte da população hoje. O discurso da aliança colonizador-colonizado não apenas nega um lugar para o "outro" ao projetar sobre ele uma verdade que não lhe diz respeito, mas, do mesmo modo, só alcança esse efeito se, antes, substancializar esse outro como "negativo". A negatividade é, segundo a lógica do princípio de identidade, o que na ordem da cultura surge como algo indesejável.

O que quero afirmar é que há consequências éticas e políticas que surgem no processo de tornar "negativo" pela palavra, pelo texto. O discurso sustenta

---

[1] Tristan Todorov, *A conquista da América: a questão do outro*, São Paulo, Martins Fontes, 2003.
[2] Chakravorty Gayatri Spivak. *Pode o subalterno falar?*, Belo Horizonte, Editora UFMG, 2010.

em seu fundo falso, em última instância, o fundamento do genocídio dos povos originários desde que se constitui como a base violenta a partir da qual a própria violência é ocultada. Podemos denominar esse processo de violência hermenêutica. Refiro-me à morte do outro que só pode acontecer sob seu ocultamento, nunca às claras, nunca em uma pena de morte direta e legalmente autorizada, mas muito antes em uma destituição do outro a partir de sua afirmação como algo negativo.

O genocídio, em princípio algo apavorante, tornou-se verdadeira prática cultural, acobertada nos discursos contra populações indígenas de um modo geral, com o aval dos meios de comunicação, em acordo com o senso comum e a negligência da sociedade como um todo em relação à questão indígena. Penso aqui na relação de retroalimentação entre jornalista e público, tal como a expôs Gabriel Tarde.[1] Estamos no redemoinho do círculo vicioso do ódio entre o real e o discurso, e é preciso avaliar as intenções para forjar uma sociedade mais justa para a qual a teoria – como prática essencial de reflexão – possa contribuir.

O genocídio é, pois, o nome próprio da ideologia que rege a relação dos brasileiros com a questão indígena, bem como dos europeus com a questão colonial, contra a qual alguns poucos assumem o desafio de agir contra o silêncio. Não é errado dizer que vivemos na "era do genocídio". Podemos até dizer que, como nação brasileira, nascemos de genocídios, uma vez que o assassinato dos outros faz parte de nossa história coletiva. "Massacrifício" foi um termo usado por Todorov, que reuniu sacrifício e massacre para explicar o que acontece em uma sociedade na qual a matança está culturalmente justificada no cotidiano e, ao mesmo tempo, ocultada e negada.

---

[1] Gabriel Tarde, *La opinion et la foule*, CreateSpace: Independent Publishing Platform, 2016. [Ed. bras.: *A opinião e as massas*, São Paulo, Martins Fontes, 2005.]

36. O trabalho do diálogo

O pensamento reflexivo deve nos ajudar a superar esse momento turbotecnomachonazifascista que apavora o mundo. Esse é o impulso ético que move a escrita deste livro. O que estou chamando de diálogo, ou de "dialogicidade" pode nos trazer esperanças. O diálogo é a forma própria da filosofia, ele é o modo de ser que pode alterar de fato as condições espirituais e materiais nas quais surge o turbotecnomachonazifascismo. E não devemos imaginar que haja soluções fáceis para derrotar o turbotecnomachonazifascismo. O nosso engajamento deve, portanto, ter em mente que o diálogo não é uma tarefa fácil. É preciso construir uma sociedade baseada no diálogo para que o turbotecnomachonazifascismo não viceje. Quando o turbotecnomachonazifascismo toma o poder, como vemos no Brasil, o diálogo se torna impossível. Contudo, é justamente uma cultura sem diálogo que leva ao surgimento do turbotecnomachonazifascismo.

O diálogo é o cerne democrático da linguagem que pode estruturar a vida em comum e as instituições. Se as instituições não estão funcionando em bases democráticas, não temos como derrotar turbotecnomachonazifascistas por meio delas. Resta a revolução para fazer com que as instituições voltem a funcionar, mas o próprio povo pode não querer revolução nenhuma e, nesse caso, precisamos voltar ao começo: à reconstrução de uma sociedade com base no diálogo. Pois onde não houver diálogo, haverá guerra.

Nossa vida está estruturada na linguagem em nível consciente e inconsciente. Para falar em termos lacanianos, há o campo do simbólico, do imaginário e do real, aquilo que todos sabem, aquilo que achamos que sabemos e o que não sabemos porque não desejamos saber: o lugar onde estão nossos pavores primitivos, ao qual podemos dar o nome de "real".

Tudo é, no entanto, linguagem ou algo que a ela se refere. A filosofia é um dos seus acontecimentos mais importantes, porque, como pensamento cuidadoso, ela nos ajuda a pensar para além dos aspectos imediatos da vida, para além dos dogmas que, muitas vezes, aceitamos por falta de sensibilidade e por falta de atenção aos processos de pensamento como processos de linguagem. Não há acontecimento mais importante da linguagem e mais filosófico do que o diálogo. Contudo, o diálogo não é um mero bate-papo, nem uma simples conversação.

Quem leu Platão[1] entende que o coração do diálogo não pode ser escrito, que o texto, que é a forma pela qual conhecemos o pensamento de Platão, é um veículo da memória. Mas o texto nos apresenta apenas a encenação, não a totalidade da memória, nem a sua parte mais fundamental. Platão dizia que a filosofia era o diálogo da alma consigo mesma. E a alma não pode ser colocada em um papel, embora o texto possa ser o veículo que nos leva até ela.

A reflexão depende do diálogo, que é um trabalho complexo, e o diálogo depende da reflexão. Assim como Hegel falava de um "esforço do conceito", devemos falar hoje de um esforço do diálogo. Mas o que é diálogo? O diálogo não é uma forma discursiva, nem uma performatividade qualquer, justamente porque ele não é texto pronto. O diálogo pode se transformar em texto apenas depois do seu acontecimento, como nos mostrou Platão ao escrever vários deles. Sobre o acontecimento dialógico ninguém pode prever nada. Onde há previsão, surge o discurso. O diálogo é a forma criativa da linguagem que se cria em uma profunda elaboração que escapa ao texto que pode ser decorado.

A linguagem que nos constitui é a língua de todo mundo, que usamos diariamente para nos comunicar e nos expressar. "Viver junto", para lembrar Roland Barthes,[2] é sempre complicado, e só o diálogo é capaz de nos encaminhar para a construção de uma vivência de reconhecimento à qual damos o nome de democracia.[3] É verdade que, em sociedade, funcionam

---

1 Recomendo a leitura do *Fedro* (Edições 70, 2018), que trata especificamente do diálogo, mas também do *Teeteto* (Fundação Calouste Gulbenkian, 2005), do *Crátilo* (Paulus Editora, 2015), do *Menon* (Edições Loyola, 2001) e de vários outros textos que apresentam questões metodológicas.
2 Roland Barthes, *Comment vivre ensemble: Cours et séminaires au Collège de France (1976-1977)*, Paris, Seuil, 2002. [Ed. bras.: *Como viver junto*, São Paulo, Martins Fontes, 2013.]
3 Ver *Filosofia prática: ética, vida cotidiana, vida virtual* (op. cit.)

"jogos de linguagem", mas o diálogo é o modo de ser da linguagem que vai além da mecânica de um jogo. Ele constrói o "comum" como uma dança entre sujeitos criativos que se reconhecem em seus direitos.

O fascismo é um jogo de linguagem que pode ser enfrentado por outro jogo de linguagem. O fascismo é o jogo mecânico e autodestrutivo dos afetos tristes, tais como o ódio e a inveja, contra o jogo criativo do amor e da gratidão.[4] O jogo da reflexão séria e atenta que acontece em processos dialógicos vai além do jogo de poder que está sob os mais diversos jogos de linguagem. É a diferença entre o jogo e o brinquedo que importa agora.

A política foi sendo transformada em jogo de poder, e isso também fez aumentar o ódio contra ela, pois é possível que as pessoas detestem política justamente porque, na verdade, já depositaram grandes esperanças nela, mas foram sempre frustradas à medida que a política foi desaparecendo e só restaram os jogos de poder. Só a reflexão é capaz de enfrentar esse estado de coisas. Mas como fazer avançar o pensamento reflexivo se estamos em pleno avanço de todo tipo de fundamentalismo? Se estamos em vários aspectos em pleno período de obscurantismo?

Filosofia, nesse contexto, é uma forma de diálogo sistemático, seja com outra pessoa concreta, um interlocutor, seja ele um amigo ou apenas alguém que se dispõe ao exercício do pensamento. Mas o diálogo acontece também com os livros que lemos e seus autores. Muitas vezes dialogamos mais com nossos autores preferidos do que com as pessoas da nossa própria família. Isso não é um erro ou um defeito. É que, para se estabelecer um diálogo, a alma deve estar presente e, muitas vezes isso não acontece em uma conversação, mas em silêncio. E nem sempre nos sentimos tranquilos e à vontade para falar aquilo que realmente nos importa na vida cotidiana com as pessoas mais próximas. Nada impede que isso seja superado, mas é preciso o esforço do diálogo para que possamos alcançar a outra margem da vida onde reside a outra pessoa. E isso não significa simplesmente que se deve conversar com todo mundo ou se sentir obrigado a conversar o tempo todo.

---

4 Sugiro a leitura do livro de Melanie Klein chamado *Envy and Gratitude and other works 1946-1963*, Londres, Vintage Classics, 1996. [Ed. bras.: *Inveja e gratidão e outros trabalhos*, Rio de Janeiro, Imago, 1991.]

A meu ver, é preciso hoje em dia buscar um exercício de filosofia "com" as pessoas. Insistir em uma "filosofia em comum",[5] que não seja uma simples busca por consenso. No diálogo não estamos no teatro e também não estamos na busca pelo consenso. Estamos nos preparando para encontrar a verdade. A nossa própria verdade e a do outro. A coragem do diálogo implica o convívio com a diferença e o reconhecimento entre as diferenças.

O diálogo não surge para produzir consenso, e nem para evitar a luta por hegemonia que precisamos buscar. A luta por hegemonia é a luta pelo que Hegel chamava de "luta por reconhecimento".[6] A busca por consenso é um uso modesto do diálogo. Uma simples conversação pode resolver os problemas do consenso. O objetivo do diálogo não é uniformizar pensamentos e falas a serviço de um interesse. O esforço do diálogo é o esforço da diferença. Ela equivale ao método que nos mantém vivos como seres pensantes. Porque o diálogo é um tipo de resistência psicossocial, que detém a potência da transformação social em seu nível mais estruturante. A formação da subjetividade para o diálogo é algo que importa quando desejamos uma sociedade democrática, e a democracia que queremos não pode ser a ilusão de que somos iguais. Direitos devem ser garantidos, e, para isso, o capitalismo como sistema antidialógico deve ser desmontado. Mas nada disso será possível se não recriarmos laços cuja base é a dialogicidade.

Precisamos criar a subjetividade que cria o diálogo e o diálogo que cria a subjetividade. Precisamos inventar esse círculo hermenêutico, pois não haverá democracia sem diálogo se não soubermos que o diálogo se define como troca e convívio entre diferenças. A grande contribuição da filosofia e das ciências humanas para a nossa época, na qual o autoritarismo cresce e se desenvolve sem limites, é a produção do diálogo como produção de reconhecimento.

O diálogo é a forma específica da filosofia como prática, como ativismo. O diálogo não é um mero bate-papo, um jogar conversa fora, por mais prazeroso que tais atividades possam ser. O diálogo é a vida sensível e con-

---

5 Anos atrás, escrevi um livro com esse título na tentativa de explicar o método do diálogo. *Filosofia em comum: para ler-junto*, Rio de Janeiro, Record, 2008.
6 Ver o excelente livro de Axel Honeth, *Luta por reconhecimento: a gramática moral dos conflitos sociais*, São Paulo, Editora 34, 2003.

creta da democracia. A democracia que salvaguarda os direitos e impede a violência está ameaçada em todos os espaços da cultura, das instituições e do cotidiano justamente pela ausência de diálogo. Nesse sentido, o papel de professores, pensadores, pesquisadores e intelectuais em geral na transformação da sociedade, rumo a melhores condições de vida materiais, o que inclui direitos, implica também ajudar a melhorar as condições emocionais e subjetivas pelo acesso ao pensamento qualificado, à educação e à arte.

Nenhum convívio será pacífico e respeitoso, nenhuma sociedade será melhor se o elemento alucinado, o caráter demencial do fascismo de que falava Adorno, não for freado. Esse aspecto cresce devido à ausência de trabalho cognitivo e intelectual. Precisamos de uma educação para a democracia que contemple a arte e a poesia, para a ciência e o pensamento crítico. Precisamos de uma educação para além do capital.[7] Intelectuais e professores não podem fingir que nada está acontecendo enquanto muitas pessoas na esfera da vida descobrem dolorosas verdades na própria pele, sob as piores violências. Demandas de transformação social interpelam o pensamento crítico e o trabalho de intelectuais de todas as áreas exigindo atitudes. A classe intelectual arrisca-se a perder seu lugar ético-político se buscar uma imagem de neutralidade diante dos fatos. Hoje, quando vemos o avanço do fascismo neoliberal sobre as universidades públicas no mundo todo, contra a educação, entendemos por que precisamos de engajamento. O pensamento sério não é neutro: ou ele é confirmação do estado de coisas, ou é crítico e transformador. Toda transformação social implica a transformação das subjetividades na direção de um pensamento lúcido entrelaçado a práticas lúcidas em tempos obscurantistas.

Se nosso ser político se forma em atos de linguagem, precisamos pensar nessa formação quando o empobrecimento desses atos se torna tão evidente. O autoritarismo é o sistema desse empobrecimento. E o fascismo é o nome que damos ao seu momento extremista quando ele consegue tocar as massas e conduzi-las em seus pensamentos, sentimentos e atitudes. O autoritarismo, e sua forma coletiva de fascismo, é o empobrecimento dos atos políticos pela interrupção do diálogo. Interrupção que se dá, por sua

---

7 István Mészáros, *A educação para além do capital*, São Paulo, Boitempo Editorial, 2005.

vez, pela destruição das condições nas quais o diálogo poderia acontecer: pensamento livre, educação e cultivo das artes. Essas condições são materiais e concretas. Mas há mecanismos, na forma de dispositivos criadores de hábitos, que impedem as práticas de diálogo. Esses dispositivos são criados por racionalidades que operam na linguagem, impondo-lhes fórmulas ou manipulando-as. A esse movimento de racionalidades operantes podemos dar o nome de "jogo". O jogo não é criativo em seu interior, ele é a fórmula dentro da qual os jogadores funcionam.

A linguagem está como que fora e dentro das pessoas, forjando-as e sendo forjada por elas. A linguagem é o ambiente onde somos, onde nos tornamos seres em ato, como dizia Simone de Beauvoir; ou seres em "performance", seres que atuam e causam efeitos diante dos outros e que, ultrapassando a performance, aprendem a dialogar. Evidentemente, ao aparecer o diálogo, somos capazes de ver nele algo de performático, mas ao mesmo tempo há algo que escapa da performance – e é nesse elemento surpresa, nesse elemento inusitado e misterioso que devemos nos ater para entender a potência do diálogo em nossa vida.

O diálogo é uma atividade que nos forma e que é formada por nós. É um ato linguístico complexo capaz de promover ações de transformação em diversos níveis, seja no nível pessoal, seja no nível coletivo. Mas ele é, sobretudo, o modo de ser ético-político em um ambiente de linguagem. Devemos nos perguntar o que acontece conosco quando entramos em um diálogo e o que acontece quando um diálogo seria necessário e, no entanto, não é possível. O diálogo é uma prática de não violência. A violência surge quando o diálogo não entra em cena.

37. Ética e subjetividade: uma questão dialógica

A relação que temos com a alteridade implica o elemento "psicológico" de nossas experiências políticas, de nossa vida em comum. E, neste momento, devemos falar em ética. Ética diz respeito justamente à esfera psicológica antigamente chamada de "moral". O que sinaliza para o "outro" como parte da dimensão moral. Em nível de trabalho da linguagem, é o diálogo que sustenta a ética. Hoje, usamos o termo "ética" para falar dessa questão, e usamos "moral", no sentido de hábitos e costumes, como aquilo que vem a ser questionado por meio da ética. Quando pergunto como alguém se forma, como alguém se torna quem ele é, estou na esfera da ética como instância de reflexão sobre a ação. Ora, a ação linguística por excelência é o diálogo. O que está em jogo quando falamos de alteridade é a experiência subjetiva das pessoas que se encontram e podem entrar em um processo dialógico. Estamos nos referindo à forma de ser de cada um, que se forma no encontro com o outro. A formação da subjetividade será resultado de um encontro com a alteridade. Tanto mais estreita será a subjetividade que tiver menos abertura para a alteridade. Mas qual seria a diferença de vínculo entre uma pessoa e aquele ou aquilo que surge para ela como "alteridade" e o vínculo que uma pessoa tem com um líder autoritário, fascista ou um grupo com essas características? Todos temos necessidade do outro, todos precisamos de vínculos emocionais e grupais? Podemos e devemos sempre nos perguntar, a partir de Freud,[1] o que faz com que certas pessoas se vinculem ao autoritarismo?

---

1 Em seu livro de 1921 Freud já se perguntava o que acontecia com as pessoas para que elas se entregassem às massas, qual a transformação mental vivida pelos indivíduos quando se encontram com as massas ["*seelische Wandlung des Einzelnen in der Masse*"]. Sigmund Freud, "Massenpsychologie und Ich-Analyse", in *Jenseits des Lustprinzips/Massenpsychologie und Ich-Analyse/Das Ich und das Es: Und andere Werke aus den Jahren 1920-1924*, Frankfurt, Fischer, 1998a. [Ed. bras.: *Freud (1920-1923): psicologia das massas e análise do eu e outros escritos*, São Paulo, Companhia das Letras, 2011.]

Uso a palavra subjetividade para expressar o que é próprio de cada um, mas também o campo do "comum" psíquico e moral organizado a partir de um vínculo emocional [*Gefühlsbindungen*] que podemos tratar como sendo também um vínculo ideológico. A meu ver, precisamos ter presente a noção de vínculo emocional exposta no texto sobre a psicologia das massas, de Freud, como uma das mais importantes para entender como o fascismo chega até as pessoas.

Por meio da palavra "subjetividade", eu me refiro ainda ao que cada um sente e vive na própria pele. Refiro-me àquelas experiências que independem de nós e que vêm a nos tocar positivamente ou nos fazer sofrer em níveis diversos. Trata-se da matéria psicossocial de que somos feitos. O termo "interioridade" também poderia ser aplicado aqui, mas seria pouco falar de uma simples experiência interior, pois a subjetividade implica também a "exterioridade". Ela diz respeito ao corpo. Ela implica o que está acontecendo ao nosso redor e que transcende o que podemos compreender.

O que acontece a nós nem sempre nos é compreensível. Somos parte da história, como agentes e como vítimas. Aquilo que está nos acontecendo – algo perpetrado pelo outro, não apenas a pessoa física de um outro, mas as instituições, a sociedade, a cultura, o âmbito espiritual e simbólico – é o que nos faz ser quem somos. E o que somos? Somos seres inacabados, somos seres em processo. Seres cuja qualidade é buscar se compreender. E, para que isso seja possível, precisamos aprender a olhar para o outro e entender como ele tem uma relação de precedência relativamente a nós. Quando chegamos no mundo, é porque o outro já estava lá.

Por isso, a pergunta "o que estamos fazendo uns com os outros?"[2] é tão importante. Ela diz respeito ao campo da alteridade, à capacidade de encontrar o outro em si mesmo, mas também à capacidade de abrir-se emocionalmente para o mistério do outro que não está em mim. Em nossa sociedade, a empatia como ausência de preconceito e a compaixão[3] como possibilidade de sentir o sofrimento do outro estão em baixa. Elas nos desafiam a construir

---

2 Desenvolvi melhor essa ideia em *Filosofia prática: ética, vida cotidiana, vida digital* (op. cit.).
3 Ver Arthur Schopenhauer, *The Two Fundamental Problems of Ethics* [Os dois problemas fundamentais da ética], Cambridge, Cambridge University Press, 2009.

um tempo-espaço e um viver em comum de outra qualidade. Para que isso seja possível, é preciso derrubar o capitalismo; mas de nada adianta derrubar o capitalismo fora de nós se não eliminarmos as condições subjetivas e relacionais que o mantêm atuante como racionalidade do mundo humano.

Do mesmo modo, a questão é também pensar o ato político como ato ético e como ato linguístico – sendo que todo ato linguístico é também político – e perguntar o que estamos fazendo quando dizemos coisas uns aos outros no sentido da performatividade da linguagem e da ética nela implicada.

Nesse contexto, o fascismo em potencial diz respeito à incapacidade de se colocar essa pergunta acerca do mundo ao nosso redor. Ético seria encontrar espaço para essa pergunta. O espaço para essa pergunta implica uma ético-política fundamental que é também poético-política.

38. Um experimento teórico-prático

Quando escrevi o primeiro ensaio que deu nome ao livro *Como conversar com um fascista*, pensei em um experimento teórico-prático. Pensei em como desencadear a operação considerada impossível de conversar com alguém enrijecido em sua visão de mundo. Alguém que não se dispõe a escutar. Alguém que não fala para dialogar, mas apenas para mandar e dominar. Alguém que se tornou o sacerdote das verdades de sua vida e das vidas alheias. Alguém que sabe tudo previamente e está fechado para o outro. Perdidos em suas ilhas, alguns estão muito certos de que as coisas não podem ser diferentes, porque o mundo está pronto em seus sistemas de pensamento paranoicos, cheios de verdades prévias. Ora, sistemas de pensamento são sistemas de linguagem. O cerne do pensamento conservador, que é tendencialmente opressor, encontra-se em um cenário mental linguístico enrijecido, no qual o sujeito autoritário se camufla como uma mariposa que se defende dos predadores. Isso vale para todos aqueles que encarnam o autoritarismo, e é uma prova de que, no fundo, como em qualquer sistema paranoico, não se está livre do medo.

Aquele que pensa que ele mesmo, o outro, a vida, a sociedade não podem ser diferentes não se abre ao diálogo. Há uma dimensão idealizadora e utopista em todo diálogo. Mas o fascista não quer saber disso ou sequer analisa essa hipótese. O outro, esse alguém que o agente fascista trata como ninguém, é algo de diferente demais para sua cabeça cheia de ideias prontas e bem encaixadas no mesmo lugar de sempre.

O fascismo é a forma do autoritarismo em estado radical. Há em todo Estado essa potência, porque a "ordem" em si mesma, a ordem própria ao Estado, é a essência do fascismo. No cotidiano, o autoritarismo sobrevive nas posturas e atitudes psíquicas ou moralmente rígidas. A frieza das posturas, pensamentos e ações é, em seu íntimo, alimento do fascismo potencial. Toda a nossa incapacidade para amar em um sentido que valorize o outro é fonte do fascismo.

Desaprendemos a conversar e somos incapazes de constituir um cenário ético-político diferente. O outro, esse alguém que tratamos como se fosse ninguém, é o desafio ético-político em uma sociedade que trabalha pela garantia de direitos fundamentais e pelo respeito à singularidade. O desafio do outro como desafio da diferença é o que temos que levar adiante.

O autoritarismo da vida cotidiana é uma questão doméstica e social ao mesmo tempo. Importante frisar a questão doméstica como um território de várias violências. O fascismo no âmbito doméstico diz respeito também ao machismo e às formas de violência sofrida principalmente por mulheres e crianças. Não podemos esquecer que o machismo é aliado do fascismo em toda a sua história. E eu diria até que lhe serve de inspiração.

Em nossa época, crescem em todas as esferas da vida manifestações de preconceito racial, étnico, religioso, sexual, que pensávamos superadas. À direita e à esquerda, a partir de todos os credos, de todas as defesas que deveriam ser as mais justas e generosas. Ao mesmo tempo que idiossincrasias brutais se afirmam contra pessoas e grupos, sentimentos socialmente necessários, aqueles que se voltam para o outro na intenção de compreendê-lo, acolhê-lo – em uma palavra, de amá-lo –, não têm lugar entre personalidades autoritárias. A mais básica abertura a uma conversa se torna inviável quando os indivíduos estão fechados em seus pequenos universos previamente formados e informados relativamente a tudo o que supõem saber.

Há séculos dizemos que "o poder corrompe", como se tivéssemos sido treinados para essa citação formal, sem que saibamos muito sobre seu conteúdo. Do mesmo modo, muitos dizem "tudo o que não presta", imitando uns aos outros no gesto espetacular de falar por falar. A fala por imitação se funda na citação. O autoritarismo é "citacionista". Repete ideias lançadas no âmbito da propaganda fascista, ela mesma viciosa e repetitiva. O autoritarismo depende da sua repetibilidade. Ele é uma máquina de produção de inconsciência, de uma subjetividade deformada pelo discurso. Daí a importância da falação odiosa. Não pensamos no que dizemos. Para entender o conteúdo do que dizemos, precisamos entender a forma como dizemos. E isso é muito complicado.

O diálogo é ainda mais complicado porque não nos ocupamos em prestar atenção no que pode ser um diálogo, que é um modo de conversar cheio de potências e que facilmente se cancela se não insistimos nele. Não o experimentamos na microfísica do cotidiano, em que tanto poderia nos ser dito acerca de uma potência de transformação em termos macrofísicos. O diálogo entre o singular e o geral – entre o que somos (ou queremos ser) e o que nos rodeia – nos faria bem.

39. Escuta: uma possível resposta ao problema do operador "como" a título de conclusão

A diferença entre discurso e diálogo nos importa novamente neste momento em que é preciso concluir este livro, cuja questão essencial deve ser colocada até que ela desapareça, o que só acontecerá em um mundo que venha a alcançar a realização da utopia na prática. O fascismo continuará sendo eterno enquanto não transformarmos as condições nas quais ele se desenvolve.

No discurso nem sempre há escuta, e, se ela surge, ela serve à fala. Já no diálogo, quando surge a fala, ela serve à escuta. Isso quer dizer que, diferentemente do discurso sustentado na primazia da fala, em que se faz – e até mesmo se obriga – o outro a ouvir, o diálogo é a democracia na prática, em que há uma primazia da escuta, e a fala, quando surge, se torna um desejo de compreender a escuta. Diálogo é aquilo que se constrói como processo, e a democracia é uma forma processual, um acordo que se faz, como quando se dança junto com alguém tendo algo previamente estabelecido, uma lei, uma regra, e muito de criação e recriação. Faço esse comentário tendo em vista que não basta pensar em termos de uma democracia formal. A derrocada da democracia formal e institucional no Brasil tem relação íntima com o fim do metabolismo democrático de uma sociedade cuja instância subjetiva foi sequestrada, colonizada, humilhada.

O diálogo não é a mera conversa entre iguais, tampouco é a fala complementar, a conversação amistosa, ou a armação de um consenso, mas a prática concreta da escuta como abertura à alteridade. Lévi-Strauss falou da "abertura ao outro"[1] como uma característica dos povos ameríndios, por oposição a seus colonizadores. Deveríamos exercitar sempre, cada vez mais, essa potencialidade. Mas do que falamos quando falamos de abertura?

A abertura é um modo de ser e de agir em relação ao outro. Um diálogo pode ser verbal ou não, mas sempre será performático, ou seja, produzirá efeitos subjetivos e objetivos que devem reconduzir à democracia como prática ético-política de abertura ao outro. A democracia é, em termos políticos, o que a abertura subjetiva ao outro é em termos éticos. Nesse sentido, o conceito de democracia em jogo a define como parte essencial da ética e da cultura que, ao chegar à política, retorna como garantia de direitos arraigados em uma estrutura cultural. A democracia não é uma abertura dada historicamente, mas a abertura a ser construída de maneira radical, envolvendo todos os agentes sociais e políticos em uma produção ética.

Não vamos confundir a ideia de abertura ao outro como "abertura" ao "fascismo" ou ao "fascista" como indivíduo caracterizado pela personalidade autoritária. Por mais que, neste momento, o "fascismo" possa se apresentar como uma espécie de outro, o do terror que tomou conta da vida, o fascismo não é a alteridade como instância da diferença. O fascismo é o fim da alteridade. Nesse sentido, não proponho evidentemente que haja uma abertura ao discurso de ódio. O que proponho é que retiremos o discurso de ódio da cena para a chegada do diálogo. É preciso abrir espaço para o diálogo, abrir espaço para a abertura. Quanto à alteridade, devemos pensar na urgência de uma relação hospitaleira, de acolhimento e de aceitação para com o diferente.

A abertura é produtora de mais abertura, assim como as democracias tendem a produzir mais democracia. Justamente por isso elas são atacadas por máquinas destruidoras como o fascismo. Dizer que a abertura gera mais abertura pode parecer abstrato para quem espera soluções imediatas. Contudo, é do universo dos conceitos e das ideias, com o elemento de abstração que os constituem em que surgem as transformações do mundo. Se olharmos bem, veremos que a abertura ao outro – como um exercício de linguagem

---

[1] Claude Lévi-Strauss, *Tristes tropiques*, Paris, Plon, 1955. [Ed. bras.: *Tristes trópicos*, São Paulo, Companhia das Letras, 1996.]

levado a termo em cada pequeno gesto – é o caminho para toda a produção de democracia radical, aquela que se faz com os mais próximos até chegar às instituições e, desse modo, a uma sociedade capaz de sustentar o que a constitui. Se tomamos a abertura ao outro como um princípio, encontraremos a forma da democratização nuclear, molecular ou celular, que pode servir de elemento fractal, por assim dizer, das novas estruturas políticas de que precisamos. Nesse sentido, podemos ter a construção democrática da democracia, não uma imposição que não cala em corações e mentes. O desafio é complexo quando se trata de encontrar uma construção justa da sociedade.

Nesse sentido, o diálogo é a complexa aventura no desconhecido. Ele é o ato político real entre diferenças que evoluem na busca do conhecimento e da ação que dele deriva. O diálogo sempre supõe o alcance de um patamar que transcende o que estava dado. Por isso, em Platão, o diálogo é o acontecimento que leva ao conhecimento como aquilo que não estava previamente estabelecido. É nesse sentido que podemos colocar diálogo e democracia no mesmo patamar.

O sentido crucial do tema de "como conversar com um fascista" precisa ser reelaborado como a questão "como derrotar o turbotecnomachonazifascismo" já que hoje o fascismo não se encontra mais instalado em um sentido potencial, mas chegou ao seu sentido estatal e tem o poder de destruir a sociedade, como vem acontecendo no Brasil desde o golpe de 2016 e o advento do governo de Bolsonaro, que, tendo assumido em 2019, vem implementando a catástrofe social, política e econômica, não apenas como um efeito fortuito de incompetências administrativas, mas como uma tática antidemocrática que visa a mudar o modelo político de um país para sempre.

O conteúdo e a forma que nos falta, no instante em que a pergunta "como" entra em cena, é justamente a abertura ao outro.

Devemos ter em mente que o operador "como" é o termo que nos permite elaborar a relação entre teoria e prática. Ele precisa ser inventado democraticamente, ou seja, em processos dialógicos nos quais saberes locais e particulares entram em jogo com saberes outros. Tais saberes precisam ser reconhecidos por pares, para que se produzam relações democráticas a partir desse processo. Democrática é a relação livre de autoritarismo, livre, portanto, de todo tipo de violência, seja ela simbólica ou física. Livre, portanto, de respostas prontas. Toda resposta relativa a uma mudança da sociedade deve ser remetida aos seus cidadãos e cidadãs. E, desse modo, temos a garantia de que a construção de uma resposta à pergunta "como?" virá de um diálogo, ou seja, de uma postura participativa e não como uma solução para um problema que retira do outro a responsabilidade por construir aquilo que lhe concerne.

O operador "como", na forma de uma pergunta ou de uma passagem à solução, não deve ser tratado como um elemento estanque, ao qual se pode dar uma única resposta que tenha uma validade prévia universal contra as compreensões produzidas em condições de reflexão dialógica. "Como" é um componente vazio que deve ser preenchido por oportunidades criadas dialogicamente. "Como" derrotar um fascista implica uma revolução democrática, sem violência e de resistência física, moral e ética, estética e política, poética e existencial que passa pela criatividade dos sujeitos em uma sociedade atacada pelo fascismo. O fascismo é a comunidade autoritária que só pode ser derrotada por uma comunidade não autoritária em um processo de luta por hegemonia, no qual vençam a lucidez e a democracia.

De um imperativo experimental democrático, que precisa ser antecipado na conduta de quem quer produzir democracia, passamos a um limiar pelo qual nos vemos convocados a soluções concretas. *Como conversar com um fascista* foi um experimento filosófico de inspiração ético-estética. Havia nele uma dimensão lógica, em função do operador "como", e uma função performática que implica as potencialidades de nos afetarmos por um ato cênico no sentido brechtiano, que buscava desconstruir e produzir consciência por meio de suas peças socialmente críticas. Agora, "como derrotar o turbotecnomachonazifascismo" nos coloca diante da urgência de transformar a sociedade rumo à democracia perdida, sendo que, ao mesmo tempo, essa democracia nunca foi verdadeiramente consolidada. Precisamos de uma produção dialógica organizada contra o fascismo para construir unidades de luta por parte da sociedade não fascistizada. O caminho é difícil e mais árduo do que se imagina. O que pode derrubar o turbotecnomachonazifascismo é a nossa consciência e nossa ação contra um projeto de destruição. Evidentemente, nunca é demais dizer que não se derrota o fascismo com mais fascismo.

Em vez da queixa que nos parece inevitável quanto à falta de abertura, devemos pensar em como ela pode ser produzida. Daí a função do operador "como" em nossa reflexão. Em outras palavras, a questão pode ser: traduzida de outras formas como apresentar a experiência do outro a quem ainda não conseguiu conceber o outro? Como introduzir alguém na experiência da alteridade? Como produzir hegemonia antifascista? Que caminhos podemos usar para evitar a presença do fascismo em nossas comunidades? Como podemos evitar que o fascismo avance em nossas cidades? Em nossos estados? E no país como um todo? Se o fascismo avança pelos meios de comunicação e pelo avanço das Igrejas do mercado, será possível evitar a ascensão fascista sem reformas que ajudam as instituições a funcionarem melhor?

Uma didático-política e uma estético-política podem ser relevantes em termos de projeto teórico-prático. Infelizmente, não temos as instituições convencionais agindo nessa direção. As instituições (a escola, a Igreja, a família, o Estado e seus poderes) negam o outro e negam procedimentos que promovam encontros reais e concretos na direção de ultrapassar o fascismo. Políticas de deslocamento que nos fizessem pensar e agir em direções transformadoras, por exemplo, mais feministas na política, mais ecossocialistas na política, mais democracia direta, que sacudissem o cenário instaurado e as subjetividades que o sustentam são sempre e cada vez mais necessárias.

Transformar as instituições em lugares de experiência democrática é essencial. Mas transformar a posição intersubjetiva e a subjetividade que nos envia à política é extremamente urgente. Nesse sentido, precisamos de uma revolução em nossa sociedade. Precisamos de uma profunda transformação na cultura política. Precisamos construir caminhos para uma política da escuta. Uma política da escuta que esteja atenta aos nossos anseios éticos, à dimensão do outro, seja esse outro aquele que nos é próximo, seja a natureza da qual estamos cada vez mais alienados. Estarmos preparados para uma revolução implica hoje a nossa capacidade de lutar por uma política da escuta como sinal que chega da alteridade para além de verdades prontas nas diversas escalas em que atuamos como cidadãos e cidadãs.

Referências bibliográficas

ADORNO, Theodor. "Die Freudsche Theorie und die Struktur der faschistischen Propaganda". In: _____. *Gesammelte Schriften* v. 8, t. I [Soziologische Schriften]. Frankfurt: Surhkamp Verlag, 1975, pp. 408-433. [Ed. bras.: "A teoria freudiana e o padrão de propaganda fascista", *Margem esquerda: Ensaios marxistas,* 7, pp. 164-189. (Original publicado em 1951).]

_____. "Education After Auschwitz". In: _____ *Critical Models: Interventions and Catchwords*. Nova York: Columbia University Press, 2005. [Ed. bras.: "Educação após Auschwitz". In: _____ *Educação e emancipação*. São Paulo: Paz e Terra, 2020.]

_____. *Aspekte des neuen Rechtsradikalismus* [Aspectos do novo radicalismo de direita]. Berlim: Suhrkamp, 2019.

_____. *Dialética negativa*. Rio de Janeiro: Zahar, 2009.

_____. *Palavras e sinais: Modelos críticos 2*. Trad. Maria Helena Ruschel. Petrópolis: Vozes, 1995.

_____. *Teoria estética*. Lisboa: Edições 70. s/d.

_____. *Theorie der Halbbildung* [Teoria da semiformação]. Frankfurt: Suhrkamp, 2006.

_____. FRENKEL-BRUNSWIK, Else; LEVINSON, Daniel; SANFORD, Nevitt. *The Authoritarian Personality*. Londres/Nova York: Verso, 2019. [Ed. bras.: *Estudos sobre a personalidade autoritária*. São Paulo: Editora Unesp, 2019.]

_____; HORKHEIMER, Max. "Ideologia". In: _____ *Temas básicos da sociologia*. São Paulo: Cultrix, 1973.

_____. *Dialética do esclarecimento*. Trad. Guido Almeida. Rio de Janeiro: Jorge Zahar, 1984.

AGAMBEN, Giorgio. "Scienza senza nome" [Ciência sem nome]. In: _____. *Aby Warburg e la Scienza senza nome* [Aby Warburg e a ciência sem nome]: Aut no 199-200, Florença, Nuova Italia, 1984.

_____. *Homo sacer: o poder soberano e a vida nua.* Trad. Henrique Burigo. Belo Horizonte: Editora UFMG, 2002.

_____. *O que é o contemporâneo e outros ensaios.* Trad. Vinicius Honesko. Chapecó: Argos, 2009.

ALESSI, Gil. "A trajetória do chefe miliciano que recebia parta da 'rachadinha' de Flávio Bolsonaro segundo o MP", *El País Brasil*, São Paulo, 20 dez. 2019. Disponível em: <www.brasil.elpais.com/brasil/2019-12-20/a-trajetoria-do-chefe-miliciano-que--recebia-parte-da-rachadinha-de-flavio-bolsonaro-segundo-o-mp.html>

ANDERSEN, Hans Cristian *A roupa nova do imperador: um conto de fadas.* Rio de Janeiro: Expresso Zahar, 2014.

ARENDT, Hannah. *Eichmann in Jerusalem.* Londres: Penguin, 2006. [Ed. bras.: *Eichmann em Jerusalém: um relato sobre a banalidade do mal.* São Paulo: Companhia das Letras, 2013.]

ARISTÓTELES. *Poetics.* Project Gutemberg ebook. Trad. S.H. Butcher. <www.gutenberg.org/files/1974/1974-h/1974-h.html>

ATWOOD, Margaret. *The Handmaid's Tale.* Boston: Houghton Mifflin Harcourt, 1986. [Ed. bras.: *O conto da aia.* Rio de Janeiro: Rocco, 2017.]

AUSTIN, J. L. *How to Do Things with Words* [Como fazer coisas com palavras.] M. Sbisà e J. O. Urmson (orgs.). Oxford: Oxford University Press, 1975.

BAKHTIN, Mikhail. *A cultura popular na Idade Média e no Renascimento: o contexto de François Rabelais.* São Paulo: Hucitec, 2010.

BANDEIRA, Luiz Alberto Moniz. "As políticas neoliberais e a crise na América do Sul". *Revista brasileira de Política Internacional*, Brasília, v. 45, n. 2, pp. 135-146, dezembro, 2002. Disponível em: <www.scielo.br/scielo.php?script=sci_arttext&pid=S0034-73292002000200007&lng=en&nrm=iso>.

BARASCH, Francis. *The Grotesque, a study of Meanings* [O grotesco, um estudo de seus significados]. The Hague/Paris: Mouton, 1971.

BARTHES, Roland. *Comment vivre ensemble: Cours et séminaires au Collège de France (1976-1977).* Paris: Seuil, 2002. [Ed. bras.: *Como viver junto.* São Paulo: Martins Fontes, 2013.]

BENJAMIN, Walter. "Kapitalismus als Religion [Fragment]". In: _____. *Gesammelte Schriften*, Hrsg.: *Rolf Tiedemann und Hermann Schweppenhäuser*, 7 Bde, Frankfurt am Main: Suhrkamp, 1. Auflage, 1991, Bd. VI, S. 100 – 102. [Ed. bras.: *O capitalismo como religião.* São Paulo: Boitempo, 2013.]

_____. *Über den Begriff der Geschichte.* Frankfurt am Main: Suhrkamp, 2010. [Ed. bras.: *Sobre o conceito da História, O anjo da história.* Belo Horizonte: Autêntica, 2012.]

_____. *Work of Art in the Age of Its Technological Reproducibility, and Other Writings on Media.* Boston: Harvard University Press, 2008. [Ed. bras.: *A obra de arte na era de sua reprodutibilidade técnica.* São Paulo: L&PM, 2018.]

_____. *The Storyteller Essays* [Ensaios do contador de histórias]. Nova York: New York Review Books Classics, 2019.

BERGSON, Henri. *Le Rire: Essai sur la signification du comique*. Paris: Éditions Alcan, 1924, 1959. [Ed. bras.: *O riso: ensaio sobre o significado do cômico*. São Paulo: Edipro, 2018.]

BLOCH, R. Howard. *Medieval Misogyny and the Invention of Western Romantic Love*. Chicago: University of Chicago Press, 1992. [Ed. bras.: *Misoginia medieval: e a invenção do amor romântico ocidental*. Trad. Claudia Moraes. São Paulo: Editora 34, 2000.]

BOISARD, Stéphane; HEREDIA, Mariana, "Regards croisés sur les dictatures argentine et chilienne des années 1970" [Opiniões cruzadas sobre as ditaduras argentina e chilena na década de 1970]. Vingtiéme Siècle. Revue d'Histoire, n. 105, pp. 109-125, 2010. Disponível em: <www.doi.org/10.3917/ving.105.0109>.

BORDIEU, Pierre. *La Distinction. Critique sociale du jugement*. Paris: De Minuit, 1979. [Ed. bras.: *A distinção: crítica social do julgamento*. Porto Alegre: Zouk, 2011.]

_____. "Champ du pouvoir, champ intellectuel et habitus de classe." [Campo do poder, campo intelectual e o hábito de classe.], *Scolies*, no 1, 1971a.

_____. *Outine of a theory of practice*. Cambridge University Press, 1977. [Ed. bras.: *Esboço de uma teoria da prática: precedido de três estudos de etnologia cabila*. São Paulo: Celta, 2002.]

_____. *Le Sens Pratique*. Paris: Édition de Minuit, 1980. [Ed. bras.: *Senso prático*. Petrópolis: Editora Vozes, 2012.]

_____. "Le champ littéraire" [O campo literário], *Actes de la recherche en sciences sociales* no 89 set., 1991

_____. *O poder simbólico*. Rio de Janeiro: Bertrand, 1992.

BUTLER, Judith. *Gender Trouble: Feminism and the Subversion of Identity*. Nova York: Routledge, 1990. [Ed. bras.: *Problemas de gênero: feminismo e subversão da identidade*. Rio de Janeiro: Civilização Brasileira, 2020.]

CAILLOIS, Roger. *Les Jeux et les hommes: Le masque et le vertige*. Paris: Gallimard, 1967. [Ed. bras.: *Os jogos e os homens: a máscara e a vertigem*. Petrópolis: Vozes, 2017.]

CANETTI, Elias. *Massa e poder*. São Paulo: Melhoramentos, 1983.

CASARA, Rubens. *Estado pós-democrático: neo-obscurantismo e gestão dos indesejáveis*. Rio de Janeiro: Civilização Brasileira, 2017.

_____. *Sociedade sem lei: pós-democracia, personalidade autoritária, idiotização e barbárie*. Rio de Janeiro: Civilização Brasileira, 2018.

CHEVROLET, Teresa, "Aristóteles posto à prova de Platão ou o caso mimesis: a poética entre alguns teóricos do fim do s. XVI", AISTHE, no 2, 2008. Disponível em: <www.revistas.ufrj.br/index.php/Aisthe/article/view/5166/3821>.

COLOMBO, Cristóvão. *Diários da descoberta da América. As quatro viagens e o testamento.* São Paulo: L&PM, 1991.

_____. *Relaciones y cartas de Cristóbal Colón* [Relações e cartas de Cristóvão Colombo]. Madri: Libreria de la viuda de Hernando Y. C., 1892.

D'ANGELI Concetta; e PADUANO, Guido. *Lo cómico.* Coleção Léxico estético. Madri: La Balsa de la Medusa, 2001. [Ed. bras.: *O cômico.* Curitiba: Editora UFPR, 2007.]

DAMIÃO, Carla. "Sentido, sentimento e natureza. Pressupostos para a construção do gosto na estética pré-moderna." In: FREITAS, Verlaine et al. (org.) *Gosto, interpretação e crítica.* Belo Horizonte: Relicário, 2014.

DEBORD, Guy. *La Societé du spetacle.* Paris: Gallimard, 1996. [Ed. bras.: *A sociedade do espetáculo.* Rio de Janeiro: Contraponto, 2007.]

DELEUZE, Giles. *Logik du Sens.* Paris: De Minuit, 1969. [Ed. bras.: *Lógica do sentido.* São Paulo: Perspectiva, 2009.]

DENNIS, David B. "The Most German of All German Operas: Die Meistersinger through the Lens of the Third Reich" [A mais alemã das óperas alemãs: Os mestres cantores de Nuremberg pela ótica do Terceiro Reich.], *Loyola eCommons, History: Faculty Publications and Other Works,* 2003.

DESCARTES, René. "Discours de la Méthode". In: _____. *Œuvres complètes, III: Discours de la Méthode/Dioptrique/Météores/La Géométrie.* Paris: Gallimard, 2009. [Ed. bras.: *Discurso sobre o método.* Petrópolis: Vozes de Bolso, 2018.]

DIP, Andrea; FRANZEN, Niklas. "Especialistas apontam semelhanças entre os 300 de Sara Winter e grupos fascistas europeus". *A Pública,* São Paulo, 28 mai. 2020. Disponível em: <www.apublica.org/2020/05/especialistas-apontam-semelhancas--entre-os-300-de-sara-winter-e-grupos-fascistas-europeus>.

DUBY, Georges. *Dames du XIIe Siécle.* Paris: Gallimard, 1995. [Ed. bras.: *As damas do século XII.* São Paulo: Companhia de Bolso, 2013.]

DUBY, Georges. *Eva e os padres.* São Paulo: Companhia das Letras, 2001.

ECO, Umberto. *Il fascismo eterno.* Milão: La nave di Teseo, 2017. [Ed. bras.: *O fascismo eterno.* Rio de Janeiro: Record, 2018.]

FASSIN, Éric. "Brésil: le laboratoire intersectionnel du néolibéralisme" [Brasil: o laboratório internacional do neoliberalismo]. *S'ABONNER,* 5 out. 2019. Disponível em: <www.aoc.media/opinion/2019/10/04/bresil-le-laboratoire-intersectionnel--du-neoliberalisme/>.

FEDERICI, Silvia. *Calibã e a bruxa: mulheres, corpo e acumulação primitiva.* São Paulo: Editora Elefante, 2017.

FISHER, Mark. *Capitalist Realism: is there no alternative?* [Realismo capitalista: não há alternativa?]. Zero Books, 2009.

FLUSSER, Vilém. *Filosofia da caixa preta.* Rio de Janeiro: Relume Dumará, 2002.

FOUCAULT, Michel. *Surveiller et punir: Naissance de la prison*. Paris, Gallimard, 1993. [Ed. bras.: *Vigiar e punir: nascimento da prisão*. Petrópolis: Vozes, 2013.]

_____. *Histoire de la sexualité. La Volonté de Savoir*. Paris: Gallimard, 1994. [Ed. bras.: *História da sexualidade: a vontade de saber*. São Paulo: Paz e Terra, 2014.]

_____. *A microfísica do poder*. São Paulo: Paz e Terra, 2000.

_____. "La vérité et les formes juridiques" [A verdade e as formas jurídicas.] (1974). In: _____. *Dits et Écrits* I. Gallimard: Paris, 2001. pp. 1406-1514. [Ed. bras.: "A verdade e as formas jurídicas". In: *Ditos e escritos, v. I*. Rio de Janeiro, Forense Universitária, 2010.]

_____. *Em defesa da sociedade*. São Paulo: Martins Fontes, 2005.

_____. *O governo de si e dos outros*. Rio de Janeiro: Martins Fontes, 2010a.

_____. *Os anormais*. São Paulo: Martins Fontes, 2010b.

_____. *A coragem da verdade*. Rio de Janeiro: Martins Fontes, 2011.

_____. *História da sexualidade: as confissões da carne*. v. 4. São Paulo: Paz e Terra, 2020.

FRANKFURT, Harry G. *On Truth*. Nova York: Alfred A. Knopf, 2006. [Ed. bras.: *Sobre a verdade*. São Paulo: Companhia das Letras, 2007.]

FREUD, Sigmund. *Os chistes e sua relação com o inconsciente*. Trad. Margarida Salomão. Rio de Janeiro: Imago, 1996.

_____. *Jenseits des Lustprinzips/Massenpsychologie und Ich-Analyse/Das Ich und das Es: Und andere Werke aus den Jahren 1920-1924*. Frankfurt: Fischer, 1998a. [Ed. bras.: *Freud (1920-1923): psicologia das massas e análise do eu e outros escritos*. São Paulo: Companhia das Letras, 2011.]

_____. "Psychoanalytische Bemerkungen über einen autobiographisch beschriebenen Fall von Paranoia (Dementia paranoides)". *Gesammelte Werke*, Bd. 8, *Werke aus den Jahren 1909-1913*. Frankfurt, 1998b. [Ed. bras.: "Observações psicanalíticas sobre um caso de paranoia relatado em autobiografia ('O caso Schreiber')", *Freud (1911-1913: obras completas*, vol. 10, São Paulo: Companhia das Letras, 2010.]

_____. "Trauer und Melancholie". In: _____. *Werke aus den Jahren 1913-1917*. Frankfurt: Fischer, 2010. [Ed. bras.: *Luto e melancolia*. São Paulo: Cosac Naify, 2014.]

_____. *Das Unheimliche*. Europäischer Literaturvlg, 2012. [Ed. bras.: *O infamiliar*, edição comemorativa bilíngue (1919-2019). Belo Horizonte: Autêntica, 2019.]

_____. *Totem und Tabu*. Frankfurt am Main: Fischer, 2013. [Ed. bras.: *Totem e tabu: contribuição à história do movimento psicanalítico e outros texto*. São Paulo: Companhia das Letras, 2012.]

GEBAUER, Gunter; e WULF, Christoph. *Mimesis, Culture, Art, Society* [Mimesis, cultura, arte, sociedade.] Trad. D. Reneau. Berkeley: University of California Press, 1996.

GOMES, Karina. " O isolamento social como gatilho para a violência contra mulheres", *DW Brasil*, São Paulo, 22 abr. 2020. Disponível em: <www.dw.com/pt-br/o-isolamento-social-como-gatilho-para-a-viol%C3%AAncia-contra-mulheres/a-53208386>.

GRÜNER, Eduardo. "O Estado: paixão de multidões. Espinosa *versus* Hobbes, entre Hamlet e Édipo", *Clacso, Consejo Latinoamericano de Ciencias Sociales;* DCP-FFLCH, Departamento de Ciências Políticas, Faculdade de Filosofia Letras e Ciências Humanas, USP, Universidade de São Paulo. 2006.

_____. *Iconografías malditas, imágenes desencantadas: Hacia una Política "warburguiana" en la Antropología del Arte*. [Iconografias malditas, imagens desencantadas: por uma política "warburguiana" na antropologia da arte]. Buenos Aires: EUFyL, Facultad de Filosofia y Letras, 2017, p. 9.

_____. *La tragedia, o el fundamento perdido de lo político* [A tragédia, ou o fundamento perdido do político]. Clasco, 2002.

GUERRA, Rayanderson. "Justiça determina que Bolsonaro pague indenização a Maria do Rosário em até 15 dias", *O Globo*, 23 maio 2019. Disponível em: <www.oglobo.globo.com/brasil/justica-determina-que-bolsonaro-pague-indenizacao-maria-do-rosario-em-ate-15-dias-23689618>.

HARNECKER, Marta. *Un mundo a construir. Nuevos caminos*. El viejo topo: 2013. [Ed. bras.: *Um mundo a construir*. Expressão Popular: 2018.]

HARVEY, David. *A condição pós-moderna*. Trad. Adail U. Gonçalves. São Paulo: Loyola, 1992.

HEGEL, Friedrich. *Fenomenologia do espírito*. Petrópolis: Editora Vozes, 2002.

HOLANDA. Sérgio Buarque de. *Raízes do Brasil*. Rio de Janeiro: José Olympio, 2000.

HOMERO. *The Odyssey*. Londres: Penguin Clothbound Classics, 2009. [Ed. bras.: *Odisseia*. São Paulo: Penguin Companhia, 2011.]

HONETH, Axel. *Luta por reconhecimento: a gramática moral dos conflitos sociais*. Tradução Luiz Repa. São Paulo: Editora 34, 2003.

IANNI, Octavio. "Neoliberalismo e nazifascismo", *Crítica Marxista*, São Paulo, Xamã, v. 1, n. 7, 1998, pp. 112-120.

JARRY, Alfred. *Ubu Roi*. Paris: Édition du Mercure de France, 1896. Disponível em <www.alfredjarry.fr/oeuvresnumerisees/PDFJarry/Jarry_BM_Laval_90644.pdf>. [Ed. bras.: *Ubu rei*. São Paulo: Editora Peixoto Neto: 2007.]

JASON, Stanley. *How Fascism Works: The Politics of US and Then*. Nova York: Random House, 2018 [Ed. bras.: *Como funciona o fascismo: a política do "nós" e "eles"*. São Paulo: L&PM, 2018.]

KAFKA, Franz. *Franz Kafka: The Silence of the Sirens*. S. Moses. The Denver Quarterly, 1976 [Ed. bras.: "O silêncio das sereias". In: _____. *Blumfeld, um solteirão de mais idade e outras histórias*. Org. e trad. Marcelo Backes. Rio de Janeiro: Civilização Brasileira: 2018.]

_____. *Narrativas do espólio*. Trad. Modesto Carone. São Paulo: Companhia das Letras, 2002.

KANT, Emmanuel. *Kritik des Urteilskraft*. Jazzybee Verlag, 2012. [Ed. bras.: *Crítica da faculdade de julgar*. Petrópolis: Editora Vozes, 2016.]

_____. *Observações sobre o sentimento do belo e do sublime e Ensaio sobre as doenças mentais*. Lisboa: Edições 70, 2012.

KLEIN, Melainie. *Envy and Gratitude and other works 1946-1963*. Londres: Vintage Classics, 1996. [Ed. bras.: *Inveja e gratidão e outros trabalhos*. Rio de Janeiro: Imago, 1991.]

KLEIN, Naomi. *A doutrina do choque*. Rio de Janeiro: Nova Fronteira, 2008.

KOJEVE, Alexandre. *Introduction à la Lecture de Hegel*. Paris: Gallimard, 1947. [Ed. bras.: *Introdução à leitura de Hegel*. Rio de Janeiro: Contraponto, 2007.]

LACLAU, Ernesto. *Emancipação e diferença*. Rio de Janeiro: Eduerj, 2011.

_____. *Nuevas reflexiones sobre la revolución de nuestro tiempo*. [Novas reflexões sobre a revolução de nosso tempo.] Buenos Aires: Nuestro Tiempo, 1993.

LAJOSI, Krisztina. "Wagner and the (Re)mediation of Art: Gesamtkunstwerk and Nineteenth-Century Theories of Media" [Wagner e a (re)mediação da arte: a obra de arte total e as teorias da mídia do século XIX], *Amsterdam Institute for Humanities Research (AIHR)*, v. 23, no 2, 2010. Disponível em: <www.hdl.handle.net/11245/1.376094>.

LESZL, Walter G. "Plato's attitude to poetry and the fine arts, and the origins of aesthetics" [A atitude de Platão para com a poesia e às belas artes, e a origem da estética], *Études platoniciennes* [Online], 3, 1º de setembro de 2016. Disponível em: <www.doi.org/10.4000/etudesplatoniciennes.997>.

LÉVI-STRAUSS, C. *Tristes tropiques*. Paris: Plon, 1955. [Ed. bras.: *Tristes trópicos*. São Paulo: Companhia das Letras, 1996.]

LONGERICH, Peter. *Goebbels: a Biography*. Nova York: Random House, 2015 [Ed. bras.: *Joseph Goebbels: Uma biografia*. Rio de Janeiro: Objetiva, 2014.]

MAIA, Gustavo. "Bolsonaro sugere fazer cocô 'dia sim, dia não' contra poluição ambiental", *O Globo*, 09 ago. 2019. Disponível em: <www.oglobo.globo.com/sociedade/bolsonaro-sugere-fazer-coco-dia-sim-dia-nao-contra-poluicao-ambiental-23866840>.

MARIN, Denise Chrispim. "O look do dia de Bolsonaro: sete condecorações e faixa presidencial", *Veja*, São Paulo, 22 out. 2019. Disponível em: <www.veja.abril.com.br/mundo/bolsonaro-se-enfeita-com-sete-condecoracoes-e-faixa-presidencial-no-japao/>.

MARIS, Bernard; DOSTALLER, Gilles. *Capitalisme et Pulsion de Mort* [Capitalismo e pulsão de morte]. Paris: Albin Michel, 2009.

MARX, Karl. *O 18 de brumário de Luís Bonaparte*. São Paulo: Boitempo, 2011.

MBEMBE, Achille. *Critique de la raison nègre*. Paris: La Découverte, 2013. [Ed. bras.: *Crítica da razão negra*, Lisboa: Antígona, 2014.]

_____. *Políticas da inimizade*. Lisboa: Antígona, 2017.

MELMAN, Charles. "O complexo de Colombo". In: MUSSNICH, Eliana Guedes. *Um inconsciente pós-colonial: se é que ele existe*. Trad. Luiz Alberto de Farias. Porto Alegre: Artes e Ofícios, 2000.

MEMMI, Albert. *Portrait du colonisé precedé de portrait du colonisateur*. Paris: Gallimard, 1957. [Ed. bras.: *Retrato do colonizado precedido do retrato do colonizador*. Rio de Janeiro: Civilização Brasileira, 2007.]

MÉSZÁROS, István. *A educação para além do capital*. São Paulo: Boitempo Editorial, 2005.

MICHAUD, Philippe-Alain, *Aby Warburg Aby Warburg et l'image en mouvement*. Paris: Mácula, 2012. [Ed. bras.: *Aby Warbug e a imagem em movimento*, Rio de Janeiro: Contraponto, 2013.]

MOUFFE, Chantal. *Agonistics. Thinking the world Politically*. [Agnósticos: Pensar o mundo politicamente.] Londres/Nova York: Verso, 2013.

MUSIL, Robert. *Sobre a estupidez*. Belo Horizonte: Edições Âyine, 2016.

NANCY, Jean-Luc; LACOUE-LABARTHE, Philippe. *Le mythe nazi*. Paris: De L'Aube, 2016. [Ed. bras.: *O mito nazista*. São Paulo: Iluminuras, 2002.]

NIETZSCHE, Friedrich. *Sämtliche Werke. Kritische Studienausgabe*. [Trabalhos completos: edição de estudo crítico.] Giorgio Colli e Massimo Montinari. München (org.). Berlim/Nova York: Walter de Gruyer, 1967-1977.

_____. *Über Warheit und Lüge im aussermoralischen Sinn. Werke in drei Bänden*. Munique: Carl Hanser, 1973. [Ed. bras.: *Sobre verdade e mentira*. São Paulo: Hedra, 2007.]

_____. *O nascimento da tragédia, ou Helenismo e pessimismo*. Trad., notas e posfácio J. Guinsburg. São Paulo: Companhia das Letras, 1992.

_____. *Die Fröhliche Wissenschaft*. Munique: Hanser, 1994. [Ed. bras.: *A gaia ciência*. São Paulo: Companhia de Bolso, 2012.]

_____. *O crepúsculo dos ídolos*. São Paulo: Companhia de Bolso, 2017.

_____. *Assim falou Zaratustra: um livro para todos e para ninguém*. São Paulo: Companhia de Bolso, 2018.

OLIVEIRA JÚNIOR, Ribamar José. "Capitalismo Gore no Brasil: entre farmacopornografia e necropolítica, o golden shower e a continência de Bolsonaro", *Revista Sociologias Plurais*, v. 5, n. 1, pp. 245-272, julho, 2019.

"O QUE BOLSONARO já disse de fato sobre mulheres, negros e gays", *El País Brasil*, São Paulo, 07 out. 2018. Disponível em: <www.brasil.elpais.com/brasil/2018/10/06/politica/1538859277_033603.html>.

PAXTON, Robert Owe. *Anatomia do fascismo*. São Paulo: Paz e Terra, 2007.

PINHEIRO-MACHADO, Rosana. *Amanhã vai ser maior*. Rio de Janeiro: Planeta, 2019.

_____; SCALCO, Lucia Mury. "From hope to hate: The rise of conservative subjectivity in Brazil" [Da esperança ao ódio: o crescimento da subjetividade conservadora no Brasil], *HAU: Journal of Ethnographic Theory*. v. 10. n. 1, 2020. Disponível em: <www.doi.org/10.1086/708627>.

PLATÃO. *Menon*. São Paulo: Edições Loyola, 2001.

_____. *O banquete*. Rio de Janeiro: Bertrand Brasil, 2002.

_____. *Teeteto*. São Paulo: Fundação Calouste Gulbenkian, 2005.

_____. *Crátilo*. São Paulo: Paulus Editora, 2015.

_____. *Fedro*. Lisboa: Edições 70, 2018.

CUSICANQUI, Silvia Rivera. *Ch'ixinakax utxiwa: una reflexión sobre prácticas y discursos descolonizadores* [Ch'ixinakax utxiwa: uma reflexão sobre práticas e discursos descolonizadores]. Buenos Aires: Tinta Limón, 2010.

ROXO, Sérgio, "'Policial que não mata não é policial', diz Bolsonaro", *O Globo*, 27 nov. 2017. Disponível em: <www.oglobo.globo.com/brasil/policial-que-nao-mata-nao--policial-diz-bolsonaro-22118273>.

SAID, Flávia. "Ex-aliados de Bolsonaro mostram como funciona o Gabinete do Ódio". *Congresso em Foco*, Brasília, 28 maio 2020. Disponível em: <www.congressoemfoco.uol.com.br/governo/ex-aliados-de-bolsonaro-detalham-modus-operandi-do--gabinete-do-odio/>.

SAYAK, Valencia Triana. "Capitalismo Gore y necropolítica en México contemporâneo" [Capitalismo *gore* e necropolítica no México contemporâneo]. *Relaciones Internacionales*, n. 19, fevereiro 2012. GERI – UAM.

SCHOPENHAUER, Arthur. *The Two Fundamental Problems of Ethics* [Os dois problemas fundamentais da ética]. Cambridge: Cambridge University Press, 2009.

SHAKESPEARE, William. *Hamlet*. São Paulo: Penguin, 2015.

SOLANO, Esther. "La bolsonarización de Brasil" [A bolsonarização do Brasil], *IELAT, Instituto Universitario de Investigación en Estudios Latinoamericanos*, n. 121, abril de 2019. Disponível em: <www.dialnet.unirioja.es/servlet/articulo?codigo=6914400>.

SOUZA, Jessé. *A ralé brasileira: quem é e como vive*. Belo Horizonte: Editora UFMG, 2012.

SPIVAK, Chakravorty Gayatri. *Pode o subalterno falar?* Trad. Sandra R. Goulart Almeida *et alii*. Belo Horizonte: UFMG, 2010.

TARDE, Gabriel. *La opinion et la foule*. CreateSpace: Independent Publishing Platform, 2016. [Ed. bras.: A opinião e as massas. São Paulo: Martins Fontes, 2005.]

THE GREAT Hack [O grande hackeamento.] Direção: Karim Amer e Jehane Noujaim. Estados Unidos: Netflix, 2019 (113 min).

TIBURI, Marcia. "Ofélia morta: do discurso à imagem". *Revista Estudos Feministas*, Florianópolis, v. 18, n. 2, p. 301, jan. 2010.

_____. *Filosofia em comum: para ler-junto*. Rio de Janeiro: Record, 2008.

_____. *Olho de vidro: a televisão e o estado de exceção da imagem*. Rio de Janeiro: Record, 2011.

_____. "Diadorim: biopolítica e gênero na metafísica do Sertão". *Revista Estudos Feministas*, Florianópolis, v. 21, n. 1, p. 191-207, maio 2013a.

_____. "Gradiva Espectral". *Sapere Aude*, 3(6), 421-454. 2013b.

_____. *Filosofia prática: ética, vida cotidiana, vida virtual*. Rio de Janeiro: Record, 2014.

_____. *Como conversar com um fascista: reflexões sobre o cotidiano autoritário brasileiro*. Rio de Janeiro: Record, 2015.

_____. *Ridículo político: uma investigação sobre o risível, a manipulação da imagem e o esteticamente correto*. Rio de Janeiro: Record, 2017.

_____. "The Functionality of gender Ideology in the Brazilian Political and Economics Context". In: FOLEY, Conor. *In Spite of You: Bolsonaro and the New Brazilian Resistance* [Apesar de você: Bolsonaro e a nova resistência brasileira]. Nova York/Londres: Ok Books, 2018. [Artigo em português "A funcionalidade da 'ideologia de gênero' no contexto político e econômico brasileiro". *Revista Nueva Sociedad*, julho de 2018. Disponível em português em: <www.nuso.org/articulo/funcionalidade--da-ideologia-de-genero-no-contexto-politico-e-economico-brasileiro/>.

_____. *Delírio do poder: psicopoder e loucura coletiva na era da desinformação*. Rio de Janeiro: Record, 2019.

_____. *Complexo de vira-lata*. Rio de Janeiro: Civilização Brasileira, 2021.

_____; DIAS, Andréia. *Sociedade Fissurada: para pensar as drogas e a banalidade do vício*. Rio de Janeiro: Civilização brasileira: 2012.

TODOROV, Tristan. *A conquista da América: a questão do outro*. São Paulo: Martins Fontes, 2003.

TOLSTÓI, Leon. *Death of Ivan Ilyitch*. Londres: Penguim, 2016. [Ed. bras.: *A morte de Ivan Ilitch*. São Paulo: Editora 34, 2009.]

TÜRCKE, Christoph. *Sociedade excitada: filosofia da sensação*. Campinas: Editora da Unicamp, 2010.

UOL. "Moro é presenteado com obra feita com cartuchos de bala". *Uol Política*, São Paulo, 11 dez. 2019. Disponível em: <www.noticias.uol.com.br/politica/ultimas--noticias/2019/12/11/moro-ganha-obra-de-cartuchos-de-bala.html>.

URIBE, Gustavo. "Bolsonaro diz que gastou R$ 739 mil do cartão corporativo com resgate de Wuhan", *Folha de S.Paulo*, São Paulo, 11 maio. 2020. Disponível em: <www.folha.uol.com.br/poder/2020/05/bolsonaro-diz-que-gastou-r-739-mil-do--cartao-corporativo-com-resgate-em-wuhan.shtml>.

VELOSO, Claudio William. *Pourquoi la "Poétique" d'Aristote? Diagogè* [Por que a "Poética" de Aristóteles? Diálogo]. Paris: Librarie Philosophique J. Vrin , 2018.

VIEIRA, Felipe. "Jair Bolsonaro é batizado no Rio Jordão". 2016 (0m42s). Disponível em: <www.youtube.com/watch?v=XmDE6jGtfRU>.

WARBURG, Aby. *Le rituel du serpente: art & anthropologie* [O ritual da serpente: arte e antropologia]. Paris: Macula, 2003.

_____. *Histórias de fantasmas para gente grande: escritos, esboços e conferências*. Org. Leopoldo Wizbort. Trad. Lenin Bárbara. São Paulo: Companhia das Letras, 2017.

WINTER, Jean-Pierre. *Les errants de la chair: études sur l'hystérie masculine*. Paris: Payot, 2001. [Ed. bras.: *Os errantes da carne: estudos sobre a histeria masculina*. Rio de Janeiro: Companhia de Freud, 2001.]

WITTGENSTEIN, Ludwig. *Philosophische Untersuchungen*. Berlim: Suhrkamp: 2003. [Ed. bras.: *Investigações filosóficas*. Petrópolis: Vozes, 2014.]

Este livro foi composto na tipografia Minion
Pro, em corpo 11/16, e impresso em
papel off-white no Sistema Cameron da
Divisão Gráfica da Distribuidora Record.